小S徐熙娣的说话之道

荣楚欧 ◎ 著

文化发展出版社
Cultural Development Press

图书在版编目（CIP）数据

小S徐熙娣的说话之道 / 荣楚欧著． --北京：文化发展出版社，2017.2

ISBN 978-7-5142-1618-9

Ⅰ. ①小… Ⅱ. ①荣… Ⅲ. ①语言艺术—通俗读物 Ⅳ. ①H019-49

中国版本图书馆CIP数据核字（2017）第008355号

小S徐熙娣的说话之道

荣楚欧 / 著

| 责任编辑：冯小伟 | 责任设计：侯　铮 |
| 责任校对：岳智勇 | 责任印制：孙晶莹 |

出版发行：文化发展出版社（北京市翠微路2号　邮编：100036）
网　　址：www.wenhuafazhan.com
经　　销：各地新华书店
印　　刷：北京中印联印务有限公司

开　本：889mm×1194mm　　1/16
字　数：182千字
印　张：14.5
印　次：2017年5月第1版　　2017年5月第1次印刷
定　价：39.80元
ＩＳＢＮ：978-7-5142-1618-9

preface 前言

台湾娱乐节目主持人小S因主持《康熙来了》而走红华语区，在这个生活节奏较快、紧张又略带沉闷的年代，她那种无厘头同时又张扬大胆的主持方式为她赢得了非常高的人气。经过多年的沉淀和积累，小S越来越受欢迎，获得了"综艺节目主持天后"的美誉。其实，小S获得如此高的赞誉并成为台湾主持界领军人绝非偶然，她的主持风格恰到好处地满足了观众"娱乐至死"的精神需求，这种紧跟时代的开放性主持风格正是她的独门秘籍。成功人士的背后或多或少地会有曲折和辛酸，小S也不例外。

1978年出生的小S出道并不晚，早在读高中的时候，她和姐姐大S就发行了第一张唱片《占领年轻》，高中毕业后又和姐姐组成了SOS团队，继续自己的歌手之路。相比于姐姐，小S的表现并不突出，形象和唱功都差了那么一点点。1996~2000年，两姐妹进军主持界，小S在《我猜我猜我猜猜猜》节目中充当了一个并不好看的"花瓶"，勉强算得上是助理主持人，但因为这档节目，小S的搞笑天赋逐渐显露出来。那时候的她就有一种敢于直面自身缺陷的胆略，有段时间，她竟然戴着牙套主持节目，甚至还时不时地对着台下的观众调侃一下她的牙齿。在当时，台湾的主持人很看重个人形象，小S的大胆着实让大家感到惊讶无比。但也是因为这些搞怪与创新，小S开始崭露头角，并开始和庾澄庆、阿雅主持《超级哈S帮》。

自此，小S开始注重自己的主持细节和技巧，而非像以前一样单纯地搞怪和扮丑。2004年，小S的主持艺术趋于成熟，开始与蔡康永合作主持《康熙来了》，并凭借此节目走向了主持生涯的巅峰。

如果要让大家在一秒内说出小S的一个语言特点，大家首先想到的肯定是她的犀利直言。的确，小S在节目中没有任何忌讳和掩饰，心里有什么话都会直截了当地说出来，即便是在别人看来难以启齿的内容，她也能脸不红心不跳地在节目中毫不避讳地说出口，甚至连女性朋友的隐私问题她也不放过。这种大胆的作风曾经让许多嘉宾和观众汗颜，但喜欢看小S节目的"康粉"们一定会知道，小S的犀利言语不单单对于别人，更多地还是针对自己，也就是所谓的"自嘲"。

在节目中遭遇尴尬时，在受到嘉宾的反击时，小S很少会针锋相对，而是运用自嘲，适当地"自黑"一下，以此来调节气氛。其实，小S的自嘲并不仅仅出现在她主持的节目之中，在很多非正式场合，她都会适时自嘲一下，有时是为了缓解情绪，有时是为了替自己解围或帮好友做挡箭牌。总之，小S会在多种场合，进行各种各样的自我解嘲。有一次，她竟然在节目中对自己所遭遇到的家暴进行"理性分析"，让我们不得不佩服这位"天后"的大胆与豪放。

除了具备优秀主持人的幽默技巧外，小S的控场能力也相当强，她总能用特殊的方法调动节目的气氛，为节目制造一个有趣的主题。这样既能使观众们捧腹大笑，又有特定的时间段让大家心酸，有时甚至会让人们因为感动而掬一把泪。

相比国内外很多优秀的主持人，小S相貌不算出挑，发音也并不是太标准，知识的储备量也相对有限，但她却有一种与生俱来的气质来弥补她的这些缺陷。这是一种自信的气质，一种对生活积极乐观的态度，一种任凭世事无常、唯有勇敢向前的人生格言。

经常看《康熙来了》和《姐姐好饿》的人会发现小S有两个"必杀技"，一个是用手挑逗嘉宾，另一个是比美，走舞台步。很多嘉宾参加她主持的节目时都要严防死守，不然就会受到她的"触碰"和"撩弄"。小S的这一举动和口无遮拦的交谈，曾经遭受过许多观众的抵制和批评，甚至有人认为她的言谈举止过于流俗，很快就会被取代。事实上，小S后来不断暴涨的人气和粉丝们的支持声证明了她的实力。从2004年《康熙来了》开播到2016年年初结束，小S一共采访过的明星超过了百人，参加过她节目的嘉宾几乎都清一色地支持她。因为小S在节目中的大胆和幽默并没有引起他们的厌烦，反而活跃了现场气氛，也让人们看到了她强大的气场和随机应变的思维口才。小S向大家证明，除了调侃和恶搞，她也具备实实在在的话术功力，这让观众看到了她在百无禁忌背后的付出与努力，这帮小S赢得了大家的尊重和支持。

《小S徐熙娣的说话之道》将带你走进小S的世界，学习她的说话艺术，感受不一样的语言魅力。

contents
目 录

Part 01 犀利直言：
用言语撩拨听众神经的宝岛名嘴

1. "直言不讳"也需要技巧 002
2. 好口才速成术——说话要有勇气 004
3. 如何"打破砂锅问到底" 006

Part 02 自我解嘲：
最擅长化解尴尬气氛的自黑天后

1. 我可以"不卑不亢"地面对嘲讽 012
2. 自我解嘲——我们的护身盾牌 016
3. "家暴"这种事也敢拿来自嘲 019
4. 自嘲：化解尴尬的利器 022
5. 自嘲=活跃气氛+博取同情 027

Part 03 诙谐幽默：
做百无禁忌的台湾首席搞笑名媛

1. 幽默的三大好处 032
2. 幽默，从讲笑话开始 035
3. 制造幽默的三大法宝 039
4. 超出意料的话造就幽默细胞 043
5. 抑扬转变的幽默手段 046

6. 有文化的幽默方式——场景对白..................049

Part 04 谈话有术：
世界上最性感的正能量传播专家

1. 有攻有守，不演自说自话的独角戏..................054
2. 掌握分寸，在分寸下促成完美沟通..................058
3. 适度调侃，用特殊的方式去表达赞同..................062
4. 善于倾听，是最有效的口才技能..................066
5. 察言观色，想要说服一个人就必须要了解他..........070

Part 05 说服技巧：
口衔一万种说话技巧的气质辣妈

1. "激将法"说服别人就范..................076
2. 说服对象+说服方式=说服力..................079
3. 影响说服力的"内因"和"外因"..................083
4. 在演讲中说服对方..................086
5. "潜意识"说服术..................090

Part 06 主持艺术：
掌握了谈话最高境界的荧屏大咖

1. 带动节目气氛的三大主持秘诀..................096
2. 主持人的口才训练术..................100
3. 主持人从不放弃"沉默的技术"..................104
4. "创新"的主持风格..................107

Part 07 气质之美：
从来不会丧失自信心的电眼美女

1. 天才主持人的第一要义：自信……………………………112
2. 自信是快速提升口才的魔幻法宝…………………………115
3. 好口才都是练出来的：小S是如何提升自信程度的…118
4. 自信是最好的口才…………………………………………122
5. 真诚能赢得别人的好感……………………………………126

Part 08 掌控场面：
做全台湾最泼辣犀利的控场专家

1. "徐门秘籍"：演讲中都有哪些控场技巧………………130
2. 如何在公众表达当中增强感染力…………………………133
3. 口齿伶俐的控场女王………………………………………137
4. 好的口才艺术会让沟通按照自己的套路进行……………140
5. 控制说话场面，打造更具吸引力的语言…………………143

Part 09 心理攻略：
最能够快速慑服人心的麻辣女王

1. 培养说话的心理素质………………………………………148
2. 心理暗示，始终让自己保持积极的心态…………………151
3. 心理引导是沟通的关键步骤………………………………154
4. 心理攻势，就是在对话中牢牢掌握主动权………………157
5. 换位思考才能慑服人心……………………………………162

/ VII /

Part 10　话题选择：
擅长巧妙交流的"冷艳女主持"

1. 学会制造话题，而不是等待话题..................168
2. 选好话题，一言可以得人心..................171
3. 察言观色，适时而止..................174
4. 主持人要鼓励对方多说"自己的事儿"..................177
5. 语言的魅力：制造人们最感兴趣的话题..................179

Part 11　肢体语言：
举手投足就High动全场的形体达人

1. 意在言外：解读好不同的肢体语言..................184
2. 面部表情是传递信息的重要语言..................188
3. 通过肢体动作，窥探他人内心..................192
4. 让一切尽在"掌"握之中..................196
5. 如何提高自己的肢体语言能力..................199

Part 12　黄金搭档：
让所有拍档焕发光彩的百搭台柱

1. 蔡康永：小S是百年一遇的奇才..................204
2. 舞台永远不是一个人的独角戏..................207
3. 口才演讲，一定要具备"绿叶精神"..................210
4. 好口才，会让"他/她"也变得健谈..................213
5. 做最称职的语言搭档..................216

Part 01
犀利直言：
用言语撩拨听众神经的宝岛名嘴

　　小S之所以能获得"宝岛名嘴"的美誉，主要是因为她的犀利直言，无论是天文地理、社科知识还是娱乐八卦、民生见闻，小S都可以肆意调侃，并能做到"直抒胸臆"。而且，各种令人羞涩的、恶心的话在小S眼里统统不是事儿，她可以用一种稀松平常的语气说出来，和聊家常没什么两样。这种心态不是每个人都能拥有的，因为它代表了一种自信和勇气。

　　当今社会，我们身边的每一个人都戴着厚厚的面具，虽然渴望自由奔放的人生，但却为了所谓的"面子""身份"而将想要表达的东西埋在心底。而小S的话语就像是打开禁锢人们牢笼的一扇窗户，让埋藏在我们内心深处的思想得以释放。在她的节目中，几乎不存在任何禁忌，只要是我们能想到的，她都敢说出来，虽然有时候她的话会让我们大跌眼镜，但她的真诚却在每时每刻感动着我们。当然，犀利直言并不意味着可以天马行空地想说什么就说什么，而是遵循着一定的原则，虽然看上去百无禁忌，实际上却要有超越常人的应变能力和智慧。

1. "直言不讳"也需要技巧

小S天生乐观，即便在戴着牙套的那段时间也能开心地主持节目，丝毫不理会观众们对她"丑爆了"的评价。她还写了一本书，叫《小S牙套日记》，来分享自己的生活片段和私密心情。这本书不存在高深莫测的寓意，也没有华丽无比的辞藻，只是真实地记录着生活的点点滴滴，她这种不矫揉造作、秉笔直书的风格在当时深深打动了读者的心。

其实，小S在现实中也是一个直来直往、说话毫不避讳的人，具体就体现在她主持节目的风格上。有一次，台湾著名创作女艺人黄小桢应邀做客小S和蔡康永主持的《康熙来了》，经过简单的调侃和互动，小S突然觉得眉毛不舒服，就对黄小桢说："我拔眉毛没有关系吧？"黄小桢先是感到莫名其妙，随即回了句"这个有什么关系"，接下来，小S就开始利用广告时间拿出化妆工具拔起了眉毛，并时不时地和黄小桢扯上两句话，这让平时一贯严肃的黄小桢哭笑不得。

我们小的时候，家长和老师都常常告诉我们和别人说话不要太直接，要有所保留，有所隐晦，以免使人心生芥蒂，对自己产生不利的影响。这句话在理论上并没有错，但我们也要明白一点，谁都喜欢和率直的人交朋友，因为他们观点鲜明，敢说敢做，这份勇气并不是每个人都具备的。而且，好朋友之间理应直言不讳，不藏不掖。隐藏得太深，有话不说，反而会被认为是不诚实、不信任别人。

我们再来分析小S拔眉毛这件事，她当时确实是有拔眉毛的想法，而且不只是小S，每一位爱美的女性都会时不时地进行补妆、拔眉毛这样的事情，但在这样的场合，能大胆说出来的主持人几乎没有。按照一般主持人的做法，要么忍住不去做，要么就找个冠冕堂皇的理由掩盖。这都不是好办法，忍住不做会影响自己的心情，很容易导致节目质量下降，而找理由掩盖会给人一种做作的感觉，会让嘉宾感觉到眼前这位主持人不真诚。所以，小S选择坦诚地告诉对方自己的需求，营造一种相互信任的环境，也为接下来与嘉宾率意洒脱的互动奠定基础。当然，这样的做法只能应用在特殊场合和特定的环境，有些时候是不能乱说的。例如，你参加唱歌比赛，却在中途告诉评委你要拔眉毛，那就要遭受白眼了。那么，调侃之中，什么样的话不能直说呢？

（1）批评别人的话。每个人都不希望自己说的话被否定，这是自尊的体现，特别是在公共场合，被别人当面数落是非常掉面子的事，即便别人说得对，我们也会从心里厌恶和憎恨对方。小S虽然看上去口没遮拦，但关键时刻还是三缄其口。

（2）不用别人"忌讳"的词语。人都有自己的个性，这也就决定了每个人都有自己"忌讳"的话语。这点类似于宗教信仰，例如，你在一个伊斯兰教信徒面前大谈红烧猪肉、爆炒猪腰等菜肴，就是犯了别人的"忌"，轻则招人烦，重则引起严重的冲突。人无完人，一时得意难免说错话，我们在"直言不讳"的同时更要多一分技巧，多一分谨慎。

2. 好口才速成术——说话要有勇气

在《姐姐好饿》第五期的"真心话大冒险"环节中，小S曾经和吴奇隆玩起了互相问问题的游戏，前提是必须说真话，如果不想说，就自罚一杯酒。起初，小S对吴奇隆各种刁难，比如她会问"你老婆做什么令你觉得最舒服""你母亲和诗诗掉进水里你先救谁"这种令人左右为难而含义很深的话，使得吴奇隆在很多情况下不知道如何回答，最后自罚红酒了事。没过多久，吴奇隆就开始了反击，他突然问小S："你结婚这么久了，有没有想要恢复单身？"其实，吴奇隆的这句话直戳小S的软肋，但吴奇隆也很"绅士"，因为"恢复单身"本来就是一个多义词，可能是说离婚，也可能是说暂时离开丈夫一段时间。看到小S的脸上有些许不自然，吴奇隆乘胜追击，信誓旦旦地问道："是偶尔有，还是天天有？"

我们先来客观地分析一下吴奇隆的提问，其实，这种话题对小S来说并不好回答，因为她确实在这段时间出现了婚姻问题，也就是说，吴奇隆在问这个问题之前已经或多或少地知道了些情况，不然他不会问。再者，"真心话大冒险"虽然只是一个游戏，但规则还是要遵守的，当然，小S也可以若无其事地说："没有。"但如果她这样回答，不仅吴奇隆不相信，台下的观众也不会认可，"真心话大冒险"也就失去了原本的刺激性和神秘感。反之，如果小S主动服输，选择自罚一杯，那么大家就会感到很扫兴。那么，如何才能打破这种僵局呢？

Part 01
犀利直言：用言语撩拨听众神经的宝岛名嘴

小S选择了直说，这也符合她一贯的风格，她沉默了一分钟之后说："你是问我有没有动过离婚的念头，是吧？"吴奇隆没有想到小S竟然有勇气正面回答自己的问题，一惊之后打圆场说："你现在的心情怎样？"可以看出，吴奇隆有一点想换个话题的意思。但小S却决定把话说完，她回答："我想到婚姻的种种……也哭过累过，虽然没有想到过离婚——"这时候，观众的心已经提到嗓子眼了，吴奇隆也表现出好奇。小S顿了顿，继续说道："我没想过离婚，但我……想到要分居。"这句话让吴奇隆忍俊不禁，也使得观众捧腹大笑。我们相信，小S说的正是她心中所想，也使得"真心话大冒险"环节获得了前所未有的成功。

小S作为公众人物，在万众瞩目的娱乐节目中尚且敢对自己的私事大胆披露，那娱乐圈之外的我们是否也应该跟她学习一下呢？当我们在抱怨自己不会说话，口才不好的时候，有没有想过这也许不是说话技巧的问题，而是我们没有勇气把想说的话说出口呢？

3. 如何"打破砂锅问到底"

有一次，杨丞琳和罗志祥共同做客《康熙来了》，节目中，罗志祥被小S问到了与现女友周扬青的交往情况，便随口回答说："现女友是我人生中的第二阶段。"小S追问道："那你的第一阶段是什么？"罗志祥回答说："是青春期呀，或者是年少轻狂的时候。"罗志祥本以为小S这样就会略过他第一阶段的前女友，但小S却要刨根问底，对罗志祥说："这样你以前的女朋友算什么？"这个问题其实是罗志祥最不想回答的，试想一下，罗志祥与现任女友正处在热恋期，而且她很可能正在看这期节目，如果罗志祥说前女友的好话，那么现任女友就会不高兴，反之，对前女友表现得不屑一顾，就会给大家留下"花花公子"的印象。面对小S的质问，罗志祥只有搪塞道："没有……这就是一个过程，一个阶段，第二阶段由她开始而已。"至此，罗志祥巧妙地把话题从前女友引到了现女友的身上，总算逃过了一次追击。

不想，小S又顺水推舟，根据罗志祥的回答问道："你的第二阶段是由她开始到由她结束吗？"蔡康永在一旁附和道："到死吗？"这个问题又难倒了罗志祥，想了一会儿，他结结巴巴地回答："因为我爸爸说过，多认识一些朋友，所以你就会更了解别人……"很明显，罗志祥在想办法转移话题。当小S又要开口的时候，罗志祥已经无计可施，只有打断她的话，说："我口渴。"便赶忙拿起旁边的饮料喝了起来。小S与蔡康永看到了罗志祥的无奈，就没有继续"虐"

Part 01
犀利直言：用言语撩拨听众神经的宝岛名嘴

这位口吃男神，而是将矛头转向了杨丞琳。小S对杨丞琳说："李荣浩向你求婚你有可能答应吗？"这又是一个比较尖锐的问题，杨丞琳如果说答应，那就等于确定了和李荣浩要结婚，但她目前还没有结婚的打算，可如果说不会答应，又势必会伤了男友的心。第一回合杨丞琳就已经无法招架了，最后，唯有靠着撒娇躲过了这一劫。

其实，小S无论是在节目里还是节目外，都喜欢把事情说得非常直白和清楚，问别人问题的时候也有一股"打破砂锅问到底"的精神。当然，观众对小S的这一特点还是非常喜欢的，因为没有哪个"康粉"不觊觎明星的隐私和糗事，而小S的直言正好中了他们的下怀。那么，在现实生活中，什么样的情境下可以运用这个技巧？什么样的情况下又不可以使用呢？

可以运用的情境包括：

（1）**采访**。这不光是工作需要，也是作为一名新闻工作者的道德所在，尤其是与民生和社会问题相关的采访，记者必须追根究底，将事情的始末问清楚。例如，某装修公司涉嫌用伪劣的木制品为客户安置屋门，记者前去采访，在面对公司负责人的搪塞和沉默时，不能听之任之，必须要"打破砂锅问到底"，问出"装修细节是什么？""用的木制品是什么品牌？""是否通过了质量认证？""哪家机构认证的？"……总之，无论是主要的问题还是相关联的次要问题，都要一字不落地问清楚，直到解开所有疑问。

（2）**学习**。"读书要甚解"，这不仅仅适用于学校里的学生，在工作中也一样，遇到不懂的技术难题可以问同事，同事不知道还可以问领导。问的问题多不代表你的能力不行，相反，因为不知道问而出错才是真正不应该的。所以，无论是技术知识、社会常识还是业务经验，只要还有不明白的地方，就要一直问下去。

（3）**教育**。主要针对父母和子女，有些时候，孩子出了问题并不想告诉家长，原因有很多面，比如害怕父母担心、怕被父母打、难以启齿甚至遭到威胁等。因此，父母要善于觉察出孩子的异常，并及时沟通交流，孩子越是闪烁其词，就越是要深入探究。当孩子的心理防线被攻破时，他就会坦言，问题暴露出来后，及时想办法解决，以免因为小问题的积累造成大麻烦。除了父母对子女的教育之外，老师对学生、长辈对晚辈也可以运用此方法。

（4）**心理疏导**。当今社会，随着经济的发展，人们的生活水平虽然提高了，但心理问题又成了困扰我们的"魔鬼"。从简单的焦虑到复杂的抑郁症、强迫症，都不是一个人能解决的。一个人遇到心理的纠结，通常会向周围的朋友倾诉，作为他的朋友和值得信赖的人，我们除了做一名合格的倾听者外，还要善于捕捉对方话语中的隐藏内容，进行适时的询问，争取把困扰对方身心的深层原因问出来。

不可以运用的情境包括：

（1）**针对伤心事**。每个人都有隐藏起来的伤心事，有的人喜欢与别人分享，有的人则不喜欢，对于后者，我们就不要追根究底地询问。上文中，罗志祥正处在热恋期，小S进行一连串的追问虽然令人抓狂，但罗志祥不会因此而不高兴。反之，如果罗志祥因为和女友的矛盾已经被媒体推到了风口浪尖，在这个节骨眼上，小S如果还是揪住罗志祥的恋爱问题刨根问底，那就很容易招致对方的反感。甚至导致这期节目不欢而散。

（2）**讨论别人的短处**。在《康熙来了》一期节目中，请来了台湾第一美女林志玲。在互动过程中，小S一直在讨论林志玲的身高，并时不时拿自己做对比，双方的交谈非常愉快，对于小S的各种调侃，林志玲也丝毫不在意。其实，身高一直都是林志玲的优势，别人提到她的身高，就等同于赞美，小S利用这点先把林志玲的情绪调动起来，接着，她就可以大胆进行恶搞了。但如果当时的嘉宾是蔡依林，小S还是大谈身高问题的话，就不会获得对方的好感了。

每个人都有长处和短板，对于长处，人们都喜欢被别人提起，或者不断询问，而对于短板，则更多的是隐藏起来，生怕别人会注意到。所以，对于别人的长处或优点，我们可以放心大胆地追问，让对方详细解释，而对于别人的短板或缺点，那就要一笔带过或者闭口不谈。

（3）**不光彩的事**。小S在与嘉宾的互动过程中，经常会提起对方引以为豪的事情，比如，董成鹏作为嘉宾的时候小S会提到他导演的《屌丝男士》流量突破400万；跟吴奇隆互动的时候会，提到他的《步步惊心》和《步步惊情》收视率高等。因为人人都喜欢听别人提到自己最成功的事情，而最讨厌听到别人爆料自己的"污点"和不光彩的经历。例如，你曾经在一场足球比赛中严重失误并且惨败，你的朋友知道后反复询问你这场比赛的细节，并问你为何抢位、犯了多少次规、输了多少球等，相信你多半会不高兴。

"打破砂锅问到底"固然是一种可贵的精神，但一定要结合具体的情境慎重使用。用得对，会使人如沐春风，也有助于事情的顺利解决，否则就会使对方陷入尴尬。

Part 02
自我解嘲：
最擅长化解尴尬气氛的自黑天后

在小S主持的节目中，她很喜欢善意地嘲弄嘉宾，也喜欢给他们制造各种各样的难堪和尴尬，其实，小S不单单对外嘲弄，对内也非常善于自嘲，遭受到嘉宾的犀利反击后，小S就会适时地自嘲一下，既化解了尴尬的气氛，又使大家觉得她平易近人。

自嘲需要讲究技巧，又要分场合和情境，有的人从来不敢自嘲，害怕因为这个而让别人瞧不起，也有的人对自嘲谨小慎微，只是把它当作显示谦虚的砝码，而小S却从来不管这些，无论是自己的相貌装扮还是自己的生活起居，甚至是自己遭受过的伤害和不幸，她都敢在公众场合拿来自嘲。在小S的眼中，自嘲是一种睿智，可以缓和沉闷的现场气氛。同时，自嘲又是一种自信，能够直视自己的弱点。自嘲还是一种潇洒，是对生活积极向上的态度。这就是小S，一个敢于暴露自己脆弱一面的自嘲女王。当我们遭遇尴尬或者悲伤时，不要郁郁寡欢，自嘲会让你接受并战胜现实，还能让你的心情瞬间好起来。

1. 我可以"不卑不亢"地面对嘲讽

有一次，香港名模潘慧如做客《康熙来了》。这期间，潘慧如突然对小S说不喜欢男人戴着大大的戒指，更不喜欢男人常去夜店等场所，她还继续补充道："我不会在夜店和男人搭讪，所以我也不会接受我未来的另一半每天去夜店。"

这些话看似开玩笑，其实对小S私生活了解一点的人都知道，小S的老公许雅钧是夜店的常客，而且经常在娱乐场所被记者偷拍，这件事曾一度被"狗仔队"炒得热火朝天。潘慧如这句话显然是在影射小S的老公许雅钧不检点，所以此话一出，众人的目光纷纷看向了小S，一旁的蔡康永也做好了为小S圆场、转移话题的打算。但小S并没有发怒，也没有立即反唇相讥，而是笑着回答："他不是每天都去，只是一个月去两次而已。"然后，小S有些哽咽，半开玩笑地说了句："没办法录了。"

蔡康永以为小S真的不高兴了，赶忙站出来笑着说："你又要偷懒了。"接着就准备把话题引向别处，来缓解这个尴尬的气氛。但令他没想到的是，小S接下来语出惊人，用满不在乎的语气说："她这个连男朋友都还没有的人凭什么说我？"

面对小S的回击，潘慧如并不罢休，紧接着说了句："对呀，我只能找一个好男人，居家的，能过日子的。"其实，潘慧如这句话也够犀利，暗示小S的老公并非好男人。这时候，蔡康永看出了小S不会动怒，就推波助澜地对小S打趣道："她也有缺点，你找她的缺点攻

**Part 02
自我解嘲：最擅长化解尴尬气氛的自黑天后**

击她。"没等蔡康永说完，小S随即对潘慧如说道："你这样很可能会沦落到嫁不出去。"潘慧如也没有示弱，大笑着说道："总比你每天在家担心好呀。"这时候，众人再也看不下去了，蔡康永和另外的两位嘉宾都开始替小S说话，并暗示小S没必要担心。

再看小S，她一脸懵懂地回答道："我不担心呀，难道让他整天闷在家里，发'黑光'吗？这样会不会很无聊？"潘慧如赔笑道："看来你喜欢比较阳光的呀。"话题到这里，又归于了平静。

从这件事上我们可以看出，小S的定力是很强的，在嘉宾谈到自己的家事，并对自己的老公含沙射影时，她既没有愤怒也没有表现得很拘束或者胆怯，甚至没有理会蔡康永转移话题的暗示。因为小S很清楚，愤怒会让自己掉价，给别人素质低的印象，而转移话题就成了逃避，会让接下来和大家的互动沉闷无比，由此可见，小S是非常善于化解嘲讽和戏谑的。那么，在遇到类似的事情时，最佳的应对方式是什么呢？

（1）**心平气和有定力**。在综艺节目里，我们经常会看到主持人调侃嘉宾来制造高潮。其实，主持人也经常会受到嘉宾的调侃。被嘲弄后，主持人不能表现得太过于羞怯，更不能脸色阴沉或者恼羞成怒，而是应该安之若素，把对方的戏谑抛至一边，这是一个情绪控制的过程。作为主持人，在台上可以采用心理暗示的方法，告诫自己要冷静，或者靠转移话题来分散注意力。但"临时抱佛脚"毕竟不是最好的办法，所以主持人平时要多注意情商修养，随时注意调整自己。

（2）**不要"以嘲还嘲"**。很多人脸皮薄，一旦被别人揭短和嘲弄就立马反驳，或者"以彼之道还施彼身"，也开始抓对方的小辫子，最后演变为双方的"互黑"。这样非但不会提高知名度，反而会给粉丝们留下心胸狭窄的印象。小S在主持节目的时候，都会极力保持节目自始至终都处在愉快的气氛中，即便遇到刻意"黑"自己的嘉宾，也不会以牙还牙，让对方下不来台。

（3）**正确回击**。有时候，面对别人的嘲弄，缄口不言未必是好事，尤其是在公共场合或者综艺节目现场，正确地提出异议或回击也是活跃气氛的好手段。例如，小S在很多时候都会被嘉宾反问一些敏感话题，比如她的婚姻状况、夫妻感情等，这时候，小S就不会沉默，她会想办法转移话题，或者不卑不亢地表明自己的观点和论调，在不侮辱对方的情况下使对方认输。

（4）**对人不怀疑**。俗话说疑人不用，用人不疑，这对于沟通交流或节目主持同样适用。特别是有些嘉宾平时不拘小节，很可能会在节目中说些针对主持人的不太妥当的话，作为主持人，没有必要把这些话放在心上，一来对方有可能只是为了活跃气氛，未必针对你；二来，即便是针对你，你的置之不理也会使对方的"恶搞"无法进行。

（5）**保持微笑**。微笑可以缓解各种尴尬局面，还能调节自己的心态，以"行为主义"的方式疏导自己。很多心理学专家表示，情绪和人的面部表情有很大关系，如果一个人开怀大笑，即便是装出来的，也会使身体的肌肉系统和内分泌系统产生应激反应，从生理上使自己高兴。小S主持节目的时候，脸上总是洋溢着微笑，即便遇到尴尬局面，她也会一笑置之。

（6）**诙谐幽默**。在遭到嘲讽的时候，不一定非要反驳，也可以用自己的幽默去调侃自己，也就是所谓的自嘲。自嘲可以先发制人地博取他人的理解和同情，别人一般也就不忍心拿这个攻击你了。那么，幽默感从何而来呢？如果先天没有，那就从后天开始培养，平时可以多读一些笑话、小品之类的故事，加固自己的幽默文化，有空的时候多给大家讲讲。

（7）**自信乐观**。有些时候，我们往往会受到别人的讥讽，有些是外部原因，而有些确实是自身原因，比如相貌丑陋、身材矮小

Part 02
自我解嘲：最擅长化解尴尬气氛的自黑天后

等。有时候，我们不妨对自身的缺点进行大胆自嘲，不仅不会受人鄙视，反而会显示自己的强大自信。如果你其貌不扬，可以说自己很丑但很温柔；如果你长得矮，可以说自己浓缩的是精华。有一次，小S和林志玲将要在同一个电影出现，林志玲身高有173cm，而小S只有158cm，她随即自嘲道："我和志玲将在电影里合作，不过我们两人身高差距太大，这样摄影师就面临挑战力，要拍到我和志玲同框也是蛮厉害的。"

2. 自我解嘲——我们的护身盾牌

有很多身居高位的人或者明星大腕,与人交往的时候常常让人感觉架子太大。其实很多时候,并非他们本身高傲,而是因为过度紧张——碍于自己的身份,不想在众人面前出丑,久而久之,压力很可能会越来越大,以至于草木皆兵,受不得半点嘲笑和讥讽。但如果适时地开一下自己的玩笑,不仅可以缓解自己的压力,还可以让他人感到轻松。简单来说,就是要学会自我解嘲。

自嘲是一种生活习惯,它可以使原本沉闷的话题变得愉快轻松。生活中难免会有各种各样的困难,就算是大智大勇的人也会遭受生活的坎坷,也会被人嘲弄和奚落,这些都是无法避免的。因此,我们必须要为自己寻找一个宣泄的途径,让自己紧张的心平静下来。

小S不仅在别人嘲笑自己的时候能做到自嘲,就算别人没有针对她,她也会时不时地来句自嘲的话,来活跃现场的气氛。2015年,张惠妹正在进行第八场台北小巨蛋演出,小S则坐在观众席默默观看。本来被李倩蓉参观武装直升机"阿帕奇"事件牵连的小S决定暂时沉寂一段时间,但却被张惠妹在现场点名,不甘于沉寂的小S马上暴露了本性,站起身来向观众们挥手,引来了一片惊呼。张惠妹随即和小S打趣道:"有本事来呀,来抢我麦克风呀。"没想到小S一个箭步冲了上去,开始呵斥张惠妹先介绍范玮琪和梁静茹,而不是先介绍她,接着嗲声嗲气地说道:"要说生最多,老娘就是一个生孩子的机器,我生了3个,但我很开心,OK?"

Part 02
自我解嘲：最擅长化解尴尬气氛的自黑天后

此话一出，台下一片哗然，连小S的好友范玮琪也没想到她会这样大胆地说话。此前，有很多网友嘲笑小S生孩子多，小S一直不做回应，没想到这一次竟然以生孩子为豪，着实让大家笑翻了天，既活跃了现场的气氛，也表现了自己的从容大度。

如果认为小S自嘲只是为了活跃气氛或者哗众取宠那就大错特错了，自嘲不光可以放松自己，还能帮助别人。2015年11月，媒体曝光了范玮琪因为耍大牌而被电视台取消演出的事情，这让事业并不是很顺利的范玮琪更加担心，很多粉丝也开始质疑她的人品。在一次活动中，范玮琪偶遇好友小S，两人在镜头前共同面对媒体的采访，当被问到范玮琪耍大牌的事情时，小S力挺好友，对着记者自嘲道："玮琪不是一个会耍大牌的人，她很谦虚，其实会耍大牌的人是我。"

其实，小S的这次自嘲恰到好处，既做了好友的挡箭牌也为自己赢得了掌声。据说，范玮琪对小S的支持非常感动，并直言："小S非常可爱，她是我最好的朋友，负面新闻也没有影响到我，日子还是要过下去，现在就是正常生活，把工作做好。"

每个人都不希望被说成耍大牌，范玮琪被曝耍大牌后心情也是萎靡不振，但小S却反其道而行，将耍大牌这种负面的评价往自己身上揽。其实大家都知道，小S虽然有的时候太过于率性而为，但她从来没有看不起别人，自曝耍大牌反而是在显露自己的真实和坦诚。这就是小S的聪明之处。

在日常的生活中，知道如何自嘲的人，就会成为人际交往之中的"香饽饽"，他们可以为沉闷、单调的生活加点料，也能赢得周围人的尊敬和掌声。有些时候，我们害怕自嘲，是因为不想把缺点暴露给别人，以免被抓到把柄，但事实上，只要自己坦诚，自嘲还能获得大家的体谅，从而为自己树立一种友好、亲切、胸襟开阔的形象。这是一种对自我价值的肯定，也能让更多的人愿意接近自己。

自嘲看上去谁都会，但能真正恰到好处自嘲的人却不多。自嘲得好，可以为你的谈吐锦上添花，否则，也许会让对方心生厌烦。

英国某知名心理学家表示："职场女性自嘲的概率是男性的4倍，但这些女性却被视为弱者。"这表明，自嘲固然有用，但如果方式方法或场合不对，就会起到适得其反的效果。例如，家里来了客人，你做了自认为最拿手的红烧排骨给大家吃（做得不是很好），席间，你自嘲道："我做的排骨真难吃，肉都成了糨糊。"也许你只是随口说了这一句，但客人就会马上把注意力转移到你做的饭菜上，本来可能还没觉出什么，但听你这么一说，他们就会想"确实如此，这排骨简直就是难以下咽"。当然，他们嘴上还会说"还不错""挺好的"之类的安慰话，实际上，他们也许已经对这顿饭非常反感了。

由此，我们可以总结出自嘲的一个根本原则，那就是不要让对方认同你的自嘲，如果别人认可了，那就不是自嘲，而是自己给自己抹黑了。再拿做排骨这件事为例，如果你的红烧排骨做得非常美味，你再说这番自嘲的话，相信就会起到很好的效果了。

这个道理很好理解，在武侠电影中，经常会出现这样的桥段：某绝顶高手打败了对手，当对手说出"佩服，佩服""在下自愧不如"之类的话时，高手会赶忙作揖，说些"这只是运气而已""我其实武功平平，输给我是因为你之前和别人打过一场"之类的套话。这其实就是一种自嘲，让人听了舒服，不会感觉高手高不可攀，也不会因为自己失败而自觉低人一等。

可以这么说，自嘲就是为了向对方表明自己"人畜无害"，不会趾高气扬，是个值得交往和亲近的人。就好像你是一个工作业绩特别好的人，在众人面前说："我谈业务的时候不会说话，经常让对方笑话。"这种自嘲在旁人听来非常舒服，给人一种谦虚的印象，同事们心里也都明白，你的能力卓越，不会办傻事。

3. "家暴"这种事也敢拿来自嘲

在2016年8月18日，吴奇隆做客小S主持的《姐姐好饿》节目。像往常一样，小S在做菜互动这一环节中逼问吴奇隆与刘诗诗的婚姻细节，又在现场做各种动作模仿刘诗诗。对于小S的亲近，吴奇隆先是想方设法转移话题，当小S对吴奇隆说到结婚几年后就会彼此产生厌倦，甚至会出现家暴的时候，吴奇隆觉得反击的时候来了，直接反问了一句："你被打过吗？"

吴奇隆这句话一说出，刚才轻松愉快的气氛顿时凝结，台下的观众一齐把目光聚集到了小S身上。其实，吴奇隆的这句话是很狠的，众所周知，小S的确被家暴过，她还曾经在微博上发布自己被打的照片，也就是说，吴奇隆提到小S的伤心事虽然有点过，但却不偏不倚地说到了小S的痛点。或许没有一个女人会在公众场合谈及自己和丈夫大吵大闹的事，何况还是被打，如果遇到这种情况，一般的做法是说没有，或者找别的事情搪塞过去。其实，当时现场的环境很容易让小S转移话题，比如，她可以说："鱼快煳了，我们做鱼吧。"也可以说："你这个酱会不会放太多。"大部分主持人常用的掩饰尴尬的方式。

如果小S应对这种情况也和别的主持人一样，那她就不是小S了。面对吴奇隆的挑衅，小S没有动怒，也没有转移话题，而是选择了正面接受这个话题，吴奇隆问完后，小S马上做出一种伤心的表情，然后淡淡地说："两次而已。"吴奇隆知趣，也没有再问。

其实，这期节目真正吸引大家的并不是明星之间、俊男美女之间的插科打诨，而是真正能触动人们心灵的事情。随着社会的发展，夫妻交流沟通的问题越来越受到人们的关注，家暴问题也逐渐被提上了日程。当吴奇隆问及家暴问题时，小S如果逃避，那显然会扫大家的兴致，这个主持人也就不平民化了。小S的这句"两次而已"其实是一次自嘲，她轻描淡写说这句话时，心里一定是五味杂陈，"两次"证明的确被家暴过，这是不争的事实，一个女人被丈夫打是一件非常不幸的事情，这时候，我们不禁为小S掬了一把泪。

"而已"则表现了小S的大度，这个词代表了一种宽容的心态，她并没有把家暴无限扩大，而是适当缩小，给自己，也给丈夫一次机会。到这里，小S自嘲的作用发挥到极致，让我们认识到了眼前的这个女人可怜又坚强。可以这么说，小S的这次自嘲起到了画龙点睛的作用，成为了这期《姐姐好饿》的亮点。她让我们感觉到明星也和普通人没有什么区别，也要接受婚姻的酸甜苦辣，台上的光鲜丝毫不能掩盖回到家时的黯然神伤。

我们在生活之中，会遇到各种各样的挫折，比如家庭的不和谐、事业的不顺以及朋友之间的嫌隙，而这些又是我们最不愿意向别人启齿的。尤其是在公共场合，别人无意中触及了我们的伤心事，就好像碰到了龙之逆鳞，使我们郁郁寡欢，甚至大发雷霆。而看似"睿智"的一群人，在遇到这种事的时候会马上回避，或者利用周围的环境和其他的事情巧妙转移话题。

其实，这两种做法都是不可取的，前者会让人觉得你不够自信，并不大度，一些别有用心的人甚至会以为这就是你的软肋。而后者就是掩耳盗铃，事实确实是存在的，逃避就是掩盖，甚至会激起别人的好奇心，让人忍不住要追问到底。另外，这种做法也很容易给别人留下不诚实的印象。

Part 02
自我解嘲：最擅长化解尴尬气氛的自黑天后

我们可以想象到，如果小S面对吴奇隆的质问采取逃避态度，那吴奇隆很可能会因为好奇而追问到底，那现场的气氛就会被破坏，观众们也许就要失望而归了。

那么，怎样才是正确的应对方法呢？答案就是自嘲，自嘲其实是一种大胆的承认，一种对事实的肯定态度，也是一种懂得舍弃与放下的胸怀。别人提到我们的伤心事有可能是无心的，我们自嘲一下，可以在不伤害对方的情况下维护自己的尊严。如果对方是故意的，我们更应该自嘲一下，因为自己的不在意就等于使嘲讽者失去攻击方向，他更不会觉得这是你的短板和软肋。

例如，你和新婚妻子租了一间房子，与房东签订了一年的合同，并许诺一定会租满一年。半年过后，你因为和妻子吵架闹离婚而不得已中途退租，当房东问你原因的时候，你该如何回答呢？当然，你为了面子可以编造出各种各样的理由，比如"公司换地址""新房子下来了"等看似合理的原因，而实际上，这些理由很容易被怀疑成是为了尽快离开而寻找的托词，从而导致自己被房东拒绝或者被索求违约金。而正确的做法就是自嘲，你可以说："不好意思，由于我的任性，导致了一场失败的婚姻，我和妻子感情破裂，所以不得不搬走。"我想，大部分的房东在听到你的自嘲后都会感到同情，也会认为你很真诚。

由此可见，暴露自己的"糗事"有时候并没有什么不好。正如小S那样，虽然她是一个遭受过家暴的不幸女人，但她的大胆与真诚却让我们看到她的内心依然充满了阳光。

4. 自嘲：化解尴尬的利器

小S曾经说过："我天生有自嘲的能力，和'姐妹淘'聊天，会觉得很多事没什么大不了，嫁入豪门、生儿子什么的，我们本来就是会拿这些事开玩笑的人。如果人可以自嘲，你就无敌了。因为你把最容易被人攻击的地方拿出来开玩笑，别人就没有可以攻击你的地方。人一定要接纳自己，不要假，不要抗拒。一旦诚实，人就可以轻松化解尴尬。"

正如小S所说，她无论是在娱乐节目中还是现实生活中都是一个善于自嘲的人。在节目中，她可以自曝家丑，调侃自己的身高，甚至还在听不懂嘉宾讲的故事时，调侃自己的智商太低。其实，这都是小S的睿智所在，面对自己的糗事和大家的批评，小S会用自嘲巧妙地化解尴尬。有段时间，小S被曝主持能力不足，她并没有矢口否认，或者立即反驳，而是在媒体上告诉大家自己有时真的很懦弱，安于现状且不敢尝试新鲜事物。

在面对记者采访的时候，小S就曾自嘲道："我不敢独当一面，我一直佩服勇敢的人，就好像蔡康永，他能够一个人主持金马奖，遇到任何突发情况他都可以泰然处之。"小S就是这样一个特立独行的人，面对别人的质疑和突如其来的尴尬，她不会逃避也不会动怒，而是拿起自嘲这件武器，巧妙地化解。我们为何不能像"S姐"那样，做一个化解尴尬的自嘲达人呢？

在现实生活中，我们很容易陷入一些不可避免的尴尬境地，这些

Part 02
自我解嘲：最擅长化解尴尬气氛的自黑天后

尴尬有可能是别人带给我们的，也有可能是我们自己制造的。有些人面对尴尬选择了逃避，也有一些人选择了愤怒。其实，这两种方法都不可取，最好的解决方法是恰当地运用自嘲，这样既不会导致大家不欢而散，也能够帮助自己走出尴尬。自我嘲弄的本质就是，表面上是针对自己，而实际上却是另有所指，在社交场合运用得当，就可以化尴尬为幽默，使气氛由紧张变为轻松，也可以展现出自己非凡的气质与人格魅力。

利用自嘲化解尴尬主要分以下几种情况：

（1）当别人盛情邀请你，而你又不想赴约的时候。人是群居的动物，很难脱离社会独自生存，也离不开兄弟和朋友，所以，我们会经常遇到亲戚、朋友、同事的求助。其中，有些求助我们愿意帮，但也有一部分求助因为种种原因我们不能帮。遇到不能帮的，我们如果直接拒绝，就会伤了彼此的感情，甚至沦为仇人，这时候，我们就需要巧妙地利用自嘲，在不伤害彼此之间感情的前提下，表达自己的拒绝意图，从而避免尴尬。

例如，你是一名图书界大亨，有一位出版社的朋友邀请你出席他们公司小说的发布会，并发表演讲。但你从来没写过小说，工作也非常繁忙，所以帮助他肯定不合适。如果你直接拒绝，很可能会破坏了彼此之间的友谊，这时候，你可以半开玩笑地给他讲："有个美女说我长得很丑，我回答她说'我就是这样的人，又有什么办法呢'。那个美女就给我想了一个妙计，说'你可以待在家里不出来'，我想了想，认为这的确是个好主意。"

这个故事看似与出席发布会无关，实则是把拒绝隐于其中，你的朋友只要稍微想一想，就能猜到你其实并不愿意在那天出门。那么，他在开怀大笑的同时，也就不会执意邀请你了。当然这个故事只是自嘲的一种，我们可以用任何一个与之相类似的情节，只要达到化解尴尬的目的即可。

（2）在谈判或讨价还价陷入僵局的时候。谈判是一种更高深的交流，以获取最大的利益为目的，所以很容易出现双方都不肯让步的情况。为了使谈判顺利进行，我们可以适当运用自嘲，以退为进，诱使对方做出一定的让步。

例如，你是一家超市的采购员，需要到外地紧急调运一批牛肉，厂商看出了你的焦虑，于是趁机加价，双方的谈判陷入了僵局。为了在做成生意的同时压低价格，你可以表现出一副无奈的样子对厂商说："你们把我看得太高了，我只是一个普通的业务员，上个月刚入职，工作经验也不多，我没有权力，花这么高的价格做一个赔本的生意，我回去就会被解雇，我担不起这个责任……"

这番话明面上是自嘲，其实是表明你不会接受高价，而对方也会觉得让你冒风险是强人所难。这时候，对方很可能会压低价格，以使谈判顺利进行。

（3）遭遇突如其来的窘境时。每个人都难免会因为别人的失误而遭遇窘境，这时候，生气动怒是不可取的，非但缓解不了尴尬的气氛，还会让大家认为你乖张暴躁，从而对你产生不好的印象。而解决的方法很简单，还是自嘲。

例如你是一名身份显赫的公众人物，在一次盛大的宴会中，一位服务员在端酒盘时不小心将红酒洒到了你的脸上。其实，这时候的气氛是非常尴尬的，如果你默不作声，别人就会认为你比较怂，没有大人物的气魄；反之，如果你大发雷霆，周围的人又会认为你性格不好，媒体也可能针对这个大肆报道，影响你的公众形象。这时候，你可以微笑着对向你道歉的服务员说："兄弟，你是不是以为这种疗法就会治好我的皮肤干燥症？"

这种灵活多变的自嘲方式可以在维护自己形象的同时化解尴尬，

还能展示自己的胸怀，也给别人留下了和蔼可亲、诙谐幽默的印象。

（4）面对别人挑衅的时候。遇到和自己不睦的人时，很可能会受到对方的挑衅，但有时会出于各种各样的原因，不便于直接回击，这时候，自嘲就是一件反击的利器，可以让你无声无息地和警告对方，既化解了尴尬，又不使自己"掉价"。

例如，你是一家公司的首席执行官，与该公司的首席财务官向来不和。在一次由你主持的例会上，那个首席财务员公然拿出烟和打火机，并轻蔑地对你说："我抽根烟，你不会介意吧？"很明显，这并不是在征求你的意见，而是对你的一种藐视和挑衅。如果你不允许他抽烟，那多少会有失风度；如果你听之任之，那你以后便难以服众。这时候，你可以注视着他，心平气和地说："抽吧，别人喷到我脸上的烟雾，要比公司任何一个人脸上的烟雾都多。"

其实，这句话在表面上看上去是允许对方的行为，但是深意重重，非常难读懂，实际上，这句话带有很强的威慑力，意思就是，公司还没有人在我开会的时候随意抽烟，你的行为已经让我很恼怒。所以，这句话既是自嘲，也是一次有力的回击，可以让对方知道你坚决的立场和态度以及永远不会胆怯的决心。

（5）矛盾被严重激化时。在生活中，人与人之间难免会产生摩擦，如果双方互不相让，就会使矛盾激化，最后两败俱伤。尤其是在公共场合或社交场合，周围的人都在看，其中也可能有熟悉的朋友或同事，也许所有人都想和平解决，但谁也不想第一个退出，认为这样没面子。这时候，就可以运用自嘲，既能化解冲突，避免矛盾的激化，又能显示自己的高尚品格和胸怀。

例如，你在坐公交车的时候，不小心踩了对方一脚，正想表达歉意，对方突然厉声道："踩我了，挤什么挤，赶着投胎吗？"你心中愤怒，也回了一句："你嘴巴好臭，吃屎了吗？"如果继续这样对骂，很快就会动起手来，而在公共场合打架斗殴，除了要追究双方的责任，还会因为妨害公共秩序而受到处罚。在这个时候，你可以自嘲地说："哎，兄弟，你到底比我多吃几年盐，走过的路也比我多，你真的比我能想象，我输了。"相信你说完这句话后，对方就会顺着你的台阶往下走，进而化解这一场矛盾，毕竟谁都不想为自己惹不必要的麻烦。

5. 自嘲＝活跃气氛+博取同情

所谓"自嘲"，就是用戏谑和嘲讽的语气对自己进行贬低、嘲笑或者戏弄。当然，自嘲并不是轻视自己，也不是丧失信心、自暴自弃，而是为了博取同情和活跃气氛。

小S深谙自嘲之道，她不光用来抒发情绪，还把自嘲当作了活跃气氛和博取同情的工具。在很多节目中，小S都会自曝自己长得不好看，身材矮小，并时不时地和林志玲做比较。在金马奖颁奖典礼上，小S对冯小刚说："你说我和林志玲谁更漂亮？"而此时，林志玲就在旁边，这种自嘲式的调侃方式让冯小刚左右为难，他索性对小S说："给我一年的时间，想想再回答你。"那次金马奖颁奖典礼现场气氛非常活跃，大部分要归功于小S的自嘲。

无论在主持节目还是平时的场合，小S经常提到自己的家庭和子女，她曾经在微博上自嘲不会看孩子，带孩子出去玩没照顾好她们，而自己却累病了。还有一次主持节目的时候，小S也隐晦地说出老公对自己并不怎么好。这样的自嘲很多人在好朋友面前都不敢说，生怕会暴露自己的脆弱，让别人看笑话。其实，我们大可不必担心，自嘲并不会影响自己的形象，反而会使听者产生一种同情，这没有什么丢脸的，因为事实就是事实，谁也不可能回到过去改变它。不过，能否像小S一样从容地自嘲就要看自己的勇气和自信了。

幽默大师说过："不懂得自嘲的幽默家永远不是真正的幽默家，敢于笑自己的人，才有权利开别人的玩笑。"的确如此，通过嘲笑自己的缺点、遭遇和不幸，可以使自己在心理上迅速摆脱困境，无形中为自己解除了心理压力，放松了情绪。自嘲还表现了一种淡定和平稳的心态，在博取他人一笑的同时，也获得了对方的同情，这在交际之中的作用是巨大的。我们经常会遇到一些不公平的待遇，或者遭受到别人不合理的批评，低头不语代表了我们的软弱无能，会让对方变本加厉，而直接表达愤怒和抗议很容易造成两败俱伤。但如果把自己心中的不快以自嘲的方式倾吐出来，心里就会好受很多。那么，如何运用自嘲，在倾吐郁闷的同时博取同情呢？

例如，你是一名大龄青年，追过很多姑娘都被拒绝，你的朋友知道后，对你冷嘲热讽道："你怎么还是找不到对象，我都快有孩子了。"听到这番话，你一定不高兴，但不要直接发作，你可以这样说："你看看我，长得丑，又没身高，家里也穷得叮当响，只有自己在贫穷中奋斗，当然难找呀。"这句自嘲一是解释了自己相亲失败的原因，在不得罪别人的情况下起到为自己辩解的作用，比抗议和愤怒有用得多；二是体现了自己的大方，让对方不由自主地产生同情，反而会为你的不懈努力表示佩服。

自嘲在活跃气氛方面起到的作用也是巨大的，在我们感到难堪的时候，自嘲可以打破僵局，缓和紧张的气氛。

例如，你去参加公司组织的交流会，由于太疲惫，你在开会的时候不小心睡着了，并且"呼噜"声非常大，同事们听到后哈哈大笑，而且在你醒来时，他们仍然不停地嘲笑你，说你懒惰、脸皮厚、鼾声像打雷等。这时候，你仍然可以利用自嘲来化解难堪，你可以说："打鼾可是我的祖传秘方，可以缓解疲劳，你们的鼾声就没有我的水平高。"这样，你的难堪就会在大家的笑声中消失，而你不在乎的态度也会让大家停止继续调侃你。

敢于用自嘲活跃气氛和博取同情的人都是充满自信和阳光的人，

Part 02
自我解嘲：最擅长化解尴尬气氛的自黑天后

一个自卑的人是不会自嘲的。也许有的人会问，自卑的人认为自己不如别人，当然会自我贬低，这不就是自嘲吗？其实，这样理解是片面的，敢于从自己嘴里说出来的贬低都不能算是贬低。我们大可回忆一下学生时代的期末考试，一定会发现学习成绩差且自卑的学生在考试前从来都是沉默寡言，不会告诉周围的人任何信息。相反，那些自信的学生，即便是学习成绩不好，也会诚恳地告诉别人"这次考试恐怕我要被你甩到后面了""看来我第一场就要出糗了""今天这一科我要抓狂了"，等等。其实，这样反而会使紧张的情绪放松，很容易在考试中超常发挥。

所以说，"自嘲=活跃气氛+博取同情"的前提条件就是自信。

Part 03
诙谐幽默：
做百无禁忌的台湾首席搞笑名媛

　　幽默的人，无论在什么样的环境下都会备受欢迎，他们可以让大家心情舒畅，忍俊不禁，会让原本沉闷的气氛瞬间缓和。小S就是一个具备"极品"幽默细胞的搞笑名媛，与其他笑星不同的是，小S主持的节目体现了一种另类的幽默，让观者在开怀大笑的同时，也能感受到她幽默背后的内涵和深意。小S的幽默总是笑点与感动并存，让我们在轻轻松松的娱乐节目中产生对人生的感悟。

　　我们身边有许多看上去"闷闷"的人，他们或许也想变得幽默诙谐，也想一扫自己抑郁的情绪，和大家打成一片。但是，他们沉默太久了，以至于沉默成为了一种习惯，甚至觉得自己已经不知道何为幽默。其实，只要调整好心态，像小S那样做到百无禁忌地交流，再掌握一定的方式方法，存有一颗乐观向上的心，我们一样可以变得幽默风趣，以一种积极向上的心态面对生活。

1. 幽默的三大好处

小S是个非常善于掌控幽默的人，她在主持节目的过程中，时不时地就会说出一两个段子让大家捧腹大笑。她的幽默贯穿于每一期节目之中，无论在语言、动作还是表情方面，无不透露着诙谐和幽默。那么，幽默究竟有什么好处，可以令这位搞笑名媛备受欢迎呢？

（1）幽默让你的语言更具有魅力。美国一名心理学家曾经说过："幽默是一种有趣又富有感染力的传递艺术。"的确如此，幽默之所让语言更美，主要在于它的感染力和趣味性，它是一种隐晦的、委婉的表达方式。与平时语言不同的是，幽默所表达的内容常常是不容易直接听懂，而要经过一番思考之后才能明白。情商高的人从来不会直白地向别人表达自己的观点和看法，而是通过幽默，让对方细细回味。

例如，你是一名摄影师，接到任务赶赴一家商场进行采访。由于匆忙，你带来了一个坏掉的照相机，但工作仍然要进行，你便借用了商场工作人员的一个小型相机，这名商场工作人员却对你讥讽道："我要是早知道你就用这种卡片机，我就自己拍好给你传过去了。"在这种情况下，如果你沉默不语，显然会丢了面子。如果你当面反驳，那很可能会发生冲突，既耽误工作也得罪了人。其实，最好的应对方法就是回头一笑，以幽默的口吻说："的确，这也就是非要我过来拍的原因！"

这句话一语双关，表面上只是一个普通的幽默调侃，实际上含义深刻，潜在的台词是："你拍出来的东西比我的差远了，所以不敢让你拍了传给我。"这一句简短的幽默话语，既维护了自己的面子，又给予对方有力的回击，而对方却不能因此对你发作。幽默就是要让语言更具有魅力，体现说话者的素质和涵养。

（2）**幽默的人豁达乐观**。豁达乐观是一种非常可贵的品质，代表了一种宽容和大度，而幽默的话语正是表达这一品质的工具。"希腊三杰之一"的亚里士多德曾经说过："幽默可以看到正面人物在个别缺点掩饰下的真正本质，我们正是这样不断地发扬优点、克服缺点，以豁达乐观的态度弘扬幽默对人的积极作用。"

如果你楼上楼下的邻居酷爱音乐，每天晚上回家都会打开电脑大声放音乐，这种做法严重地影响了你的睡眠。有的人遇到这种情况很可能怒不可遏，一个箭步冲到邻居家理论。其实这样根本解决不了问题，你可以采取这样一种方式，轻轻敲开邻居家的门，笑着对他说："你好，我能借你音响用几天吗？"这时，你的邻居一定又惊奇又疑惑，问你是否也喜欢听音乐，你回答说："不是的，我只想晚上能够安安静静地睡一觉。"听了这番话，他一定会明白你的意思，并且会欣然接受。

直言曲达也是一种幽默，它不是硬生生的对抗，而是用一种柔和的方式让对方认识到自己的错误，并且乐于改正。同时，也表现了说话者的豁达乐观。

（3）**幽默可以化解各种危机**。无论是在生活中还是在工作中，我们都经常不可避免地会与别人产生摩擦。这些摩擦有的会让双方尴尬不已，有的会让双方争执不断，严重的甚至会使一个和睦的家庭破裂。那么该如何消除这种隐患，避免各种危机呢？这就要靠幽默了。

比如，你和妻子因为鸡毛蒜皮的小事争执不断，并进行了激烈的争吵。妻子说："这家没法待了。"说着就收拾自己的行李要走。在这种情况下，坐视不理只会让矛盾激化，而苦苦哀求可能会让一些男士觉得丢面子，你可以将妻子拦住，大喊："我们一起走，你说得对，这家没法儿过。"这番话顺水推舟，巧妙地利用幽默转移了矛盾点，也很容易平息对方的愤怒。

2. 幽默，从讲笑话开始

小S曾经在一个娱乐节目中讲过一个笑话：有一天上课，老师看见小明右手打着石膏走进教室，感到非常奇怪，就对小明说："你为什么会弄成这样？"小明回答说："因为我太懒了。"老师不解："懒怎么可能会被打？"小明回答说："昨天放学回家，一颗石子掉进了我的鞋里，我懒得脱下鞋子，就用右手扶着电线杆，开始不停地抖动腿，希望把石头震出来。就在这时候，一个人从后面拿木棍狠打我的胳膊，我问他为什么，他说'我以为你触电了'。"

这些娱乐节目年代久远，我们也无从考证小S为什么会讲这个笑话，也不知道她面对的嘉宾是谁，但能够肯定的是，小S的这个笑话非常成功，好笑而又富含深意。主要原因有两点：一是出人意料，故事从小明上学打石膏开始讲起，使听者产生了无限遐想——"小明为什么会这样？""他接下来会诉说什么意外的事？""懒为什么会导致胳膊受伤？"二是结局寓意深刻，呼吁我们要勤劳，不要只想着走捷径。当然，一个成功的笑话不一定要具备这两点，但在讲笑话的时候，一定要讲求方法，并知道一些禁忌。如果想要和小S那样，编制出幽默诙谐的笑话，还需要注意以下几个要点。

（1）滑稽的动作可以有，但最好不要重复。 一个平时不苟言笑、看上去严肃认真的人，突然在众人面前表演出滑稽的动作，这当然会使众人放声大笑。就像《康熙来了》中的嘉宾，有很多不怎么幽默的人，比如有"冰美人"之称的王菲平时以沉默寡言著称，在一期节目中竟然给小S讲起了笑话。即便这个笑话并不经典，但观众们还是开怀大笑，因为在大家的心目中，王菲讲笑话是一件无比新鲜的事情，这个道理换到动作上同样适用。

例如，你平时是一个有点"闷"的人，在一次朋友聚会中，你突然在大家面前表演翻跟头，那肯定会迎来一阵阵掌声。但如果你反复这样的动作，或者一再重复你的笑话，笑声不但会消失，还可能会引起众人的反感，以为你不正常。

在讲笑话或演讲的时候，最好说些符合身份和性格的话，不是机智的人，就不要用机智的方法演讲。例如，你平时非常严肃，但却在一次例会上频频给大家讲笑话，搞幽默，非但不会使大家心情愉悦，反而让他们怀疑你话中有话，进而感到厌烦。

（2）讲笑话不可生搬硬套。两三个朋友之间讲几个笑话或许没有什么禁忌，但在人数众多的社交场合或者有特殊意义的主题会上讲笑话就需要谨慎了。在这些场合，讲笑话就必须要紧扣主题，使人们联想到现在正在进行的事情，就好像写文章开篇要点题一样，讲笑话也要紧扣主题。所以，无论你的笑话多么有趣生动，多么能带给人们欢乐，都不要引用和当时场合无关的话题。

例如，你去参加导师的欢送会，大家此时的心情有些沉重，为了缓和紧张的气氛，你给大家讲了很多有趣的笑话和一些新鲜段子。但这些笑话在平时有用，在当时的场合可能就成了浪费时间，没有任何意义。因为聚会的主题是送行，你的笑话如果和这个主题没有任何关联，那最好不要讲。

（3）选择合适的笑话。讲笑话之前一定要配合听众的文化程度和社会阶层，否则很容易发生听不懂或者过于简单的情况。例如，你对一个平时一点都不关注网络的朋友讲笑话，语言中带有很多网络新名词，如"多谢室友不杀之恩""直到我的膝盖中了一箭"，等等，如果是这样，即便你的笑话很搞笑、诙谐，他也丝毫没有感觉，因为他根本就不懂。就像以前的一名记者采访一位农民工，说："您幸福吗？"那位农民工小心翼翼地打量着记者，说道："我姓曾。"

这次采访虽然可以当作一个笑点看，但也从侧面说明了记者的用词不当，与人交流是这样，讲笑话也是一样的道理。

（4）不要让对方有所准备。什么是高境界的笑话？就是你明明正在讲笑话，对方也会开怀大笑，但却不认为你在讲笑话，仔细回想之后才开始恍然大悟。当然，我们未必能立马做到这一点，但却可以隐瞒讲笑话这件事，在讲笑话之前，千万别向对方说"我给你们讲个有趣的笑话，你们一定会感到好笑的""我开始讲笑话了""我知道一个有趣的故事"之类的话，如果事先讲明，听者就有了准备，笑话的效果也会大幅度降低。

（5）自己不能先笑。很多电影或电视剧都出现过这样一个桥段：一个人在众人面前讲了一个笑话，随即他哈哈大笑，但周围的人却没有一个发笑的，最后，这个人自讨没趣，灰溜溜地走了。类似于这样的场景在现实中也经常发生，一个讲完笑话自己先笑的人，会被别人误以为容易满足或者喜欢恶搞，从而损害自身形象，所以，讲笑话的前提是自己不笑，因为你的一脸严肃反会成为他们的笑点。

（6）笑话最好原创。随着笑话书的泛滥和网络的发展，很多笑话我们听得都腻了，如果还拿这些笑话在大家面前班门弄斧，很容易招致听者的厌烦。所以，最好自己原创笑话，并结合周围的环境和正在发生的事情。如果没有这个能力，也可以将众所周知的笑话加以改编，将其扩充得曲折一点，角度低一点，就会变得新鲜有趣。

就好像现在很多当红的歌手喜欢翻唱老歌一样，或者改变歌词，抑或是变换腔调，不但能使老年人开怀大笑，还会引起年轻人的共鸣，成为一种非主流文化。

（7）笑话不能讽刺别人。 自己所讲笑话的内容最好有激励性或者带有正能量，即便不能做到这一点，内容也应该中正平和，千万不要讲讽刺性的笑话或者带有攻击性的笑话。比如下面，这样一个笑话：蜘蛛对螃蟹的女朋友虾米说："屁股大有卵用，整天扛着两把老虎钳，一看就知道是个下岗工人。"虾米说："再怎么样都比你强，一个纺织工，还随时拖着根花花肠子。"这个笑话就属于讽刺性笑话，平时讲出来兴许没什么，但如果听众之中恰好有下岗工人或者纺织工人，那就相当于指桑骂槐、含沙射影。

还有一点需要注意，我们最好不要拿某一朋友的糗事或者失误作为笑料，如果我们不小心说出口，就应该解释道歉，让人知道自己是无心为之。

（8）笑话要有意义。 讲笑话不仅仅要注意用词、方法和听众的文化水平，还应该使人听了感到温暖和舒适，笑话表现的是说者乐观开朗的个性，而不是刻意伪装的动作。

3. 制造幽默的三大法宝

有一次，黄渤应邀参加小S主持的《姐姐好饿》，有很多观众认为这是最搞笑的一期，毕竟黄渤也是有名的笑星，与小S正好相得益彰，双方可以在节目中进行完美的配合与互动。其实，这期节目之所以经典，主要是因为运用了制造幽默的三个典型方法。

（1）节目开始前的幽默。大凡是综艺节目，人们关注的往往是节目开始后的内容，从来不会在意节目开始前主持人和嘉宾的准备工作。其实，这些前期工作节目方也从来不会曝光给我们，毕竟他们怎么来的、如何布置的场景没有必要告诉我们，甚至还认为那是隐私。随着娱乐节目的泛滥，传统的方法似乎已经提不起人们的兴趣，这时候，很多娱乐节目开始把笑点提前，将人们的注意力吸引到了节目开始前的准备工作上，使人耳目一新，也达到了先声夺人的效果。小S主持的《姐姐好饿》就是这种新幽默的典型，几乎每一期开始前的几分钟，小S都会表演一些场景剧，搞笑一下，为节目的开始制造一个亮点，就像是享用大餐之前先要品尝一碗清香的淡汤开胃一样。

在这一期，黄渤率先进入了现场，但小S却因遇到了各种各样的事情而延误了时间。场景中，小S出门前就被孩子吵着要陪玩；刚摆脱了她们，又被婆婆勒令一起看韩剧；好不容易出了门，又遭遇了堵车；最后没办法，小S借用了一辆摩托车赶了过去。这时候，场景才切换到节目现场，小S果真是穿着皮衣，骑着摩托车进来的。黄渤看到她后，还调侃了一句："你们节目就是这样的吗？"至此，观众的情绪被调动了起来，节目才正式开始。

这种方式虽然看上去有些夸张，但却不失为一个制造幽默的好办法，对于我们而言，在演讲或需要我们发言的场合中也可以灵活运用。例如，你需要在一个宴会中发表讲话，但却因为各种各样的原因迟到了，当你走上台后，就不急于步入正题，而要先解释一下因何而迟到。当然，你不可能像小S那样插播一段事先录制好的视频，但你可以讲一个有意思的故事，如"我今天来晚是有原因的，因为我在路上看见一个……""我今天来时非常狼狈，家里的……"等，说完之后，听众肯定会开怀大笑，既扫清了他们等待你的厌烦，也用你的幽默活跃了现场的气氛。

（2）**有趣的广告插播**。广告插播，是令观众非常厌烦的事情，当我们看着节目兴起，或者已经融入其中时，画面突然一跳转，变成了广告，必然会极大地影响我们的兴致。即便是非常精彩的节目，频繁的广告插播也会让我们不堪忍受，甚至决定换台。一直以来，插播广告都会被认为是牺牲一点收视率而赚取高额广告费的投机行为。其实，广告插播具有两面性，插播不好，的确会影响观众的心情，但如果插播得恰当有新意，兴许就会成为幽默的另类表达方式。

在《姐姐好饿》中，也不可避免地要插播广告，毕竟每一个娱乐节目都需要赞助商的支持。但与其他节目不同，《姐姐好饿》的广告从来不会切换场景的插播，也就是说，广告是镶嵌在节目之中的，类似于现在微商将广告整合在文章中的方法。在这一期中，黄渤与小S在节目中深情拥抱，当观众以为小S要说各种深情的话时，她却冒出了一句"本节目由疼你就泡她的寿全斋红糖姜茶联合赞助播出，本节目由让做饭像导航一样简单……"这句话猛然冒出来后，先是让观众们感到莫名其妙，随即开怀大笑。原来，小S正在插播广告。说到这里，我们惊奇地发现，广告在这时候出现不仅不讨厌，反而成了笑点之一。这是为什么呢？原因就是小S已经把广告镶嵌到了节目之中，成了这期节目的一部分。

这样的广告在《姐姐好饿》中会频繁出现，例如，小S在与嘉宾互动的时候受了惊吓，就会对旁边的助理主持说："给我冲杯姜茶压压惊，姜茶对女生很好的。"再如，当小S与嘉宾发表了各自的观点后，助理主持也会适时冒出来说："你们是否也想知道我的感受，我的感受就是'本节目由大吸力油烟机……'"类似于这样无厘头的广告在《姐姐好饿》的每一期都会出现，无论插播多少，小S都使之巧妙地和节目内容相关联，使广告成了幽默元素，在一定程度上实现了收视率与广告收益的双赢。

其实，这可以看作一种高深的谈话方法，最早被推销员和销售人员所使用，他们在与客户闲聊或讲有趣的笑话时，就会悄悄掺杂一些"广告"信息。例如：你是一名保健品推销员，如果采用直白的销售方式，即便你的话术再好，也很难打动眼前的消费者，因为在他们心里，你已经被定义成了商人。如果你换种方式，先和对方聊家常，提到对方的健康问题，然后表示自己的亲戚朋友也有身体不好的……最后，你拿出保健品，对方接受的概率就会大大增加。

（3）**巧用各种道具**。俗话说工欲善其事，必先利其器，在娱乐节目中，巧妙利用周围的环境和工具非常重要。在黄渤做嘉宾的一期节目中，小S协助黄渤炒完油爆虾后，就开始拿出了制造幽默的道具——洋葱，并要求黄渤和她边吃虾，边啃洋葱，最后，他们俩眼睛都开始含泪，并模仿了某个爱情电影的经典桥段。在与李治廷的一期节目中，小S又利用道具辣椒，让李治廷充当了敢吃辣的"男子汉"，从而让大家爆笑。在《康熙来了》最后一期，小S和蔡康永都躺在了床上，给观众营造一种温馨的气氛，也预示着节目将要结束，到了给大家说晚安的时候了。

在主持娱乐节目的时候，光靠语言和动作略显单调，依靠场景或道具会起到意想不到的效果。道具的用途多种多样，可以是活跃气氛的辅助道具，可以是引出下一个环节的启动道具，也可以是整蛊嘉宾的"恶搞"道具。无论使用什么道具，目的都是凸显幽默，让观众开怀大笑。

我们在与朋友闲聊或者在社交场合发言的时候，都可以借助周围的道具增强幽默感，手机、书籍、板凳等，都可以作为工具补充我们的谈话内容，就好像相声演员在表演节目时会时不时地拿出扇子比画一样。

4. 超出意料的话造就幽默细胞

2016年8月，罗志祥召开了个人演唱会，并邀请小S与他合唱台语歌。小S在唱功上虽然略逊于罗志祥，但在说话上却要"完爆"罗志祥"好几条街"，小S一上台，就把罗志祥的风头压住了，并在演唱会上提到了双方在一个广播节目中吵架的事情，罗志祥听出了弦外之音，马上给小S道歉，说："我是深深地爱着你的。"罗志祥估计，以小S的性格，她肯定会回答"我想要""人家不怪你""下次要注意"之类的话，没想到小S出乎意料地对罗志祥说："我才不想要你，因为你已经被我姐姐用过了。"此语一出，罗志祥脸羞得通红，表情看上去深受打击。台下的观众也倍感意外，随即捧腹大笑，感到罗志祥的窘样，小S笑道："谁叫你请我，活该。"

其实，幽默就是这么简单，小S在罗志祥的演唱会上并没有讲任何笑话，也没有刻意使自己的话生动有趣，而是借题发挥，利用罗志祥的一个问题，做出对方猜测不到的回答，从而使大家捧腹大笑。那么，我们怎样才能让自己说的话超出意料呢？主要还是造势问题，简单来说就是"平地起波澜"，打破正常的说话内容的常规。例如，你在开会的时候，可以先一本正经地将工作内容讲清楚，你可以这样说："第一，我们要……第二，我们要……第三……"，当重要的事都说完后，你再说："最重要的一件事，其实就是——散会！"类似于这样的话其实就是出人意料的话，先吊足别人的胃口，再使其希望落空，就能轻松达到幽默的效果。

有一期《姐姐好饿》邀请了《屌丝男士》的主演董成鹏（大鹏）做嘉宾，节目开始前，观众们都以为这次小S又会使用各种奇招"揩油"男嘉宾，因为她在节目中的大胆与奔放是出了名的，前面几期的高云翔、吴奇隆、李治廷等嘉宾，无不战战兢兢地防御着小S的各种语言和肢体的挑逗。但这期却非常奇怪，董成鹏一上场就就开始对小S大肆献殷勤，而小S却表现出一副不耐烦的样子，并对大鹏说："你为什么非要上我们的节目？"这句话一出，大家都非常惊讶，不知道小S葫芦里到底卖什么药。大鹏在一段深情的解释之后，直接对小S表白道："其实，你是我心目中的女神，我希望可以触碰到你，在你第一次录节目……"话还没说完，小S就打断了他，趾高气扬地回答道："可是我没有想见你……"接着，小S又说出了一连串的理由贬低大鹏。当大鹏无意中碰到小S时，她直接闪开，厉声道："你干吗要碰我，我最烦的就是男生毛手毛脚，你犯了我的大忌。"这时候，观众们终于忍不住捧腹大笑。

其实，小S在这期中运用的技巧就是说出人意料的话语。她一反以往的常态，由一个"奔放熟女"变成了"窈窕淑女"，从一直挑逗嘉宾到被嘉宾追捧，在带给观众疑惑的同时，也给了他们新鲜感。试想一下，我们在看了小S几十期甚至上百期的节目后难免对她的套路了如指掌：一是说出格、大尺度的话；二是大喊"小鲜肉""男神"；三是各种动作上的"揩油"；四是说些"恶心"的话调节气氛。这些套路对新观众来说的确非常适用，也的确可以吊足他们的胃口，但对从《康熙来了》看到《姐姐好饿》的"老粉丝"来说，这些"老掉牙"的"伎俩"就显得过时了。于是小S转攻为守，说出了一些与自己风格"大相径庭"的话，起到了非常好的效果。

有一期《姐姐好饿》节目，小S和吴奇隆曾模仿电视剧进行了一次对白，当小S含情脉脉地对吴奇隆说"隆儿，我就知道我们今生会再相见"时，我们不得不佩服小S的演技。她演纯情戏也非常真实，观众们正要渐渐入戏的时候，没想到吴奇隆却回了一句："其实让你来是要告诉你我要娶别人了。"这句话又彻底打破了我们的幻想。别看小S刚开始演得那么认真，好像要一本正经地说些对白，而实际上，即便她本人再正经，旁边的人也会想尽办法逼她暴露自己的"狐狸尾巴"。

在社交场合，这类技巧完全可以轻松掌握。例如，在酒席上，你作为东道主肯定要率先发言，这时你可以说："首先，感谢大家不远千里来为我庆祝生日（停顿一会儿）。最后，希望大家吃好喝好。"

当你说完"首先"的时候，大家一定在等着你说"其次""第三""第四"等，甚至有人已经开始对你接下来的几条进行推测和预估了。但你从"首先"一下就跳到了"最后"，瞬间打破了大家的思维惯性，既出人意料，也别出心裁地达到了幽默效果。

其实，不仅仅是社交场合或者宴会，这类幽默完全可以渗透到生活中的点点滴滴。例如，你买了一本日历包起来准备带回家，你的几个同事看见包裹就问："你买的什么东西？"这时候，你可以故作深沉地对他们说："小声点，这可是名画，代表了中国五千年来的文化结晶。"说完，你作势要走，同事们肯定会好奇，并有一种强烈的观看欲望。当你小心翼翼地拿出那日历时，大家估计都要捧腹大笑了。

由此，我们可以总结出，体现这种幽默的要点就是"作势"，先卖个关子给对方，让对方想入非非，或者让对方对结果进行大致的预测，最后你再做出（说出）一个对方想不到或者南辕北辙的答案，令他产生"突兀"的感觉，等着他自己"恍然大悟"。当然，"幽默"不等同于"恶搞"，如果你本来是一个非常文静的人，为了幽默，某天突然说些非主流、恶心的话，那就超出了限度，让对方一时之间接受不了，最后很可能贻笑大方。

5. 抑扬转变的幽默手段

"欲抑先扬"是一种不太常见的写作方法和说话方式，也就是说，如果要批评和贬低某个人，不要一开始就明确指出来，可以先卖一个"关子"，称赞他的优点和好处，在对方志得意满或心存疑惑时，再把称赞转为贬低。反之，为了赞扬对方而先将其贬低，就是欲扬先抑。小S精于此道，在节目中，她就经常运用"欲扬先抑"和"欲抑先扬"，令嘉宾哭笑不得，也使观众捧腹大笑。

在冯小刚做客《姐姐好饿》时，小S就多次利用这两种方法，肆意地调侃这位著名的大导演。节目刚开始，小S就对冯小刚说："在我的心目中，你其实是一个非常厉害的导演，我很崇拜你，可是后来，我看到你演的《老炮儿》之后……"说到这之后，冯小刚一脸疑问，以为小S接下来一定会损自己。没想到，小S接下来说："我更加深深地爱上了你，你知不知道在我心目中，你就是一个最帅的老翁。"这时，观众才恍然大悟，原来，小S是故意在卖关子，看上去要贬低《老炮儿》，实则是"欲扬先抑"地称赞这部影片。

在做菜环节，小S和冯小刚聊起了节目开始前对内容的事情，并称赞鼎鼎大名的冯导能亲自出现对内容是很给自己面子，这番话说得冯小刚心里美滋滋的，接着，小S又说："您竟然亲自对内容，我没想到您竟然……这么闲。"说到这里，冯小刚一脸无奈，观众们也被小S的幽默逗乐了，他们本以为小S会说"没想到您竟然这么大度""没想到您这么认真"之类的话。结果，小S却说出了调侃冯小刚的话，这是用了一次"欲抑先扬"。

小S对冯小刚的捉弄远没有这么简单，双方坐在椅子上谈话的时候，小S直接把冯小刚的座位调到和自己挨着，观众们以为小S很喜欢冯小刚，没想到小S说："因为你讲话太小声了，所以要把你弄近一点。"此时，台下又是一阵爆笑，冯小刚恍然大悟，这才知道小S和他拉近距离是因为嫌自己说话声音太小。

小S不仅仅在和冯小刚这一期中使用了此方法，几乎每一期节目，她都会或多或少地采取"欲扬先抑"或者"欲抑先扬"的方式进行调侃和制造幽默。黄渤作为嘉宾参加《姐姐好饿》的时候，被问起怕不怕摸，黄渤说不怕，小S于是深情地将手伸进了黄渤的衣服。观众们本以为小S会夸赞黄渤健壮，没想到小S淡淡地说："我只是想摸一下没有胸肌的人是什么感觉。"此时，黄渤瞬间"石化"。

其实，"欲抑先扬"可以让人的话语既幽默又令人印象深刻。例如，在一次戒烟会上，你被邀请上台为大家讲讲吸烟的危害。如果你只是一味地列举吸烟对身体的影响，或者仅仅痛斥吸烟者，都不会让大家印象深刻。这时候，你应该反其道而行，先理直气壮地对大家说："吸烟有三大好处：第一，吸烟的人不需要使用拐杖。第二，吸烟能防止失窃。第三，常吸烟的人可以永葆青春。"当你说完后，台下的观众肯定会满脸疑惑，正当大家对你的举动表示不解时，你接下来解释道："第一，抽烟者经常咳嗽，很容易引起驼背，身子变矮了，当然不需要用拐杖。第二，吸烟者的咳嗽声音大，而且在夜里也会被咳醒，小偷一听到声音就吓跑了，当然不容易丢东西。第三，吸烟对人的内脏，尤其是肺部危害极大，寿命也会缩短，年纪轻轻就死了，不就是永葆青春吗？"

听了你的解释，大家一定会被你的幽默逗乐，随即，他们也会把吸烟的危害深深地印在脑子里，这种"欲抑先扬"的表达方式远比平叙直述要深刻得多。

在与他人的沟通中，"欲抑先扬"的幽默手段也可以起到意想不到的效果。例如，你是一名上司，让下属打扫办公室，结果发现他干得一塌糊涂。如果你直接对他说"你打扫得太糟糕了"，这样势必会影响他的心情，甚至会影响他的干劲。你可以这样委婉地对他说："你平时的工装很整洁，很好地维持了我们公司的形象，不过，你能否把办公室打扫得和你的形象一样好呢？"这句话表面上是表扬他的爱干净，而实际上是在批评他的工作，但这种批评方式却让他感到诙谐幽默，在不影响他自尊心的情况下激励他把工作做好。

在运用"欲抑先扬"制造幽默的时候，一定要注意把握好度，不能用带有攻击性的词汇，或者刻意贬低别人。这和文章中的"欲抑先扬"有本质的区别，在小说中，欲抑先扬多写反面人物，在前期，对一个人进行许多的正面描写，凸显其品德高尚，到了后期就开始大反转，使该人物暴露出邪恶的一面，金庸小说《笑傲江湖》的岳不群就是一个典型的例子。但在社交场合，这种方法明显行不通。例如，你对一名女性说："你长得好漂亮，声音也好听，不过，就是个子太矮了。"这类"欲抑先扬"非但起不到幽默的效果，反而会使对方觉得你在侮辱她。

其实，你可以这样说："你长得好漂亮，声音也好听，如果再温柔点就更完美了。"所以说，掌握"欲抑先扬"并不难，重要的是要根据环境和交流对象灵活运用，在不伤害对方的情况下达到幽默的效果。

6. 有文化的幽默方式——场景对白

在吴奇隆做客《姐姐好饿》的那一期开头，播放了一段小小的"微电影"，剧情大意是小S坐在沙发上期盼吴奇隆的到来，不想却触碰了电源，因触电导致穿越，来到了1930年的上海。场景换成了古香古色的街道，她的衣服也变成了老式旗袍。看到这里，我们应该能联想到一部经典的电视剧——上海滩。紧接着，小S被车夫拉着到了吴奇隆身边，开始了一段深情而又恶搞的对白。当这段"微电影"结束时，真正的现场互动才开始，那么，这期节目为什么要在开场播放这么一段"插曲"呢？原因就是利用这种"场景对白"增强幽默效果。

其实，大部分观众都对这段微电影产生了兴趣，原因不是这部微电影的剧情感人或者拍摄手法高明，而是因为它让我们产生了联想和代入感，这才是最主要的。如果小S和吴奇隆是在舞台上进行常规的互动，显然没有什么创新性，也提不起观众的兴趣，而同样的话语在场景中就不一样了。就拿这个微电影来说，里面的吴奇隆和小S会让我们联想到许文强和冯程程。我们会联想，吴奇隆是否符合许文强的形象，他与周润发、黄晓明扮演的角色谁优谁劣；小S与冯程程这个角色差距有多远，她颠覆的这个角色有多厉害。想到这里，我们也许已经忍俊不禁，哑然失笑了。这就是"场景对白"的妙用，小S的"忠粉"们都知道，小S在主持《康熙来了》的时候，并没有过多应用这个技巧，而在最新的《姐姐好饿》中，则大肆运用"场景对白",让人们感受到了这个具有文化底蕴的幽默方式。

例如,刘诗诗与吴奇隆曾经一起合作了歌曲《手牵手》的MV,其中一个镜头就是刘诗诗勾着手挑逗吴奇隆过去。而小S在这期节目中非要吵着吴奇隆和她配合这段MV,当观众们看到小S模仿刘诗诗的动作后,全部笑得前仰后合。

小S在与高云翔的那期节目中,模仿义渠王和芈月对话那一段把"场景对白"运用到了极致,她学着芈月的表情对高云翔说:"翟骊。"高云翔回道:"不,叫我黑马驹子。"高云翔喊道:"再大声点!"小S扯着喉咙喊道:"黑马驹子!!!"这种高声调与嘶哑的嗓音让观众大笑起来。众所周知,义渠王的扮演者就是高云翔,他无论是形象还是说话的语调都符合原版的翟骊,如果再让他和孙俪搭档,我们可能感觉不到什么,但孙俪换成小S就不同了。这个反差过大,虽然小S没有改动原版的台词,但从她嘴里说出来就有一种新鲜感。也许,这就是"场景对白"的幽默源泉。

"场景对白"式的沟通方式并非是小S的独创,很多综艺节目都会用这种方式,谢娜和何炅主持的《百变大咖秀》就是完全利用"场景对白"和"角色扮演"来凸显幽默。例如,谢娜和嘉宾们在出场的时候会打扮成某个电影和电视剧的形象,甚至会模仿"圣斗士星矢""七龙珠"这样的日本卡通动漫形象。目的也是增加代入感。此外,很多大片里也加入了这种元素。例如,周星驰主演的《大话西游》里至尊宝被紫霞仙子用剑架在脖子上之后那段经典对白就是电影《重庆森林》台词的翻版,这使看过《重庆森林》的观众瞬间对这段台词产生有趣的印象。

在与人的交流和沟通之中,"场景对白"的作用也是非常巨大的,当然,日常运用的时候不是说要换上符合场景的奇装异服或者像拍电影一样事先布置周围的环境,而是用语言来体现场景感。例如,

Part 03
诙谐幽默：做百无禁忌的台湾首席搞笑名媛

你在出去逛街时恰好遇到了朋友，可以用范伟那句"缘分呀！"作为开场白。再如，当和女朋友在具有古香古色建筑的公园中漫步时，也可以指着前面一座小塔对她说："听朕的话，朕就把这座塔送给你。"这句话在大马路或者办公室当然不会起到明显的效果，但在古代建筑的场景下就不同了，人们自然会在这样的环境中联想到古代的皇帝、大臣。而你的语言正好对场景起到衬托作用，自然会让别人觉得诙谐幽默。

不过，运用这种利用语言迎合场景的对白方式需要注意两点：一是语言一定要和场景相匹配。例如，在爬梁山的时候，可以学梁山好汉的语气说话；在大明湖的时候，可以学夏雨荷或乾隆的语气调侃。但如果颠倒过来，在历史文化气氛很浓郁的地方说高科技的台词，而在都市的观光电梯里又模仿古装剧，这就显得不伦不类了。二是"场景对白"一定要投其所好，也就说，一定要在摸清对方的喜好后再使用这种技巧，不然就如同对牛弹琴，甚至会被别人看成"神经病"。

例如，你的约会对象并不喜欢看古装剧，你却说一些"皇阿玛，你还记得大明湖畔的夏雨荷吗？""如果上天能再给我一次机会的话……"这类的话，就会让对方觉得你"神神道道"，非但起不到幽默的效果，反而会弄巧成拙，让人反感。

在家庭生活中，"场景对白"还有利于缓和夫妻之间的冷淡和厌烦。在《姐姐好饿》一期节目中，李治廷送给了小S一件衣服，小S打开一看，是一件女仆装，李治廷本以为小S会给他一个"粉拳"，没想到小S看到后非常喜欢，并嗲声嗲气地对李治廷说："主人，请为我穿上它。"紧接着，小S又说："主人，你让我做什么我都愿意。"这两句话让李治廷满脸通红，笑得差点跌倒，而台下的观众也被小S逗得忍俊不禁。

其实，小S模仿的就是日本动漫里经常出现的女仆。在人们的印象中,女仆的形象一般都是温柔、可爱、清纯,而小S呢?奔放、大胆、阅男无数,这种带有鲜明对比的"场景对白"为这次"主人"和"女仆"的对话注入了新鲜的活力。夫妻之间也可以适当模仿这类"角色扮演"和"场景对白",尤其是亲密度下降的老夫老妻,在一起时间久了难免互相厌烦,适当来一些这种"新点子"能够为爱增添一点情趣。

Part 04
谈话有术：
世界上最性感的正能量传播专家

　　说话是人与生俱来的本性和能力，我们每一个人的日常生活都离不开与他人的交流和沟通。或许，有人认为说话是一种本能，因此不需要特殊的学习和技巧。但是我们可以看到，口才有好坏之分，同样的意思，不同的人有不一样的表达方法，而对于每一种表达方法，听者也会产生不一样的感受。所以，如果我们想要成为一个会说话的人，就一定需要掌握说话的技巧和方法，这是一种与人交流和沟通的能力。

　　当然，我们无法与那些先天有极强语言能力及技巧的人相比，但是，说话的艺术的确可以通过自身不断地学习而掌握。小S是公认的最会说话的人之一，而且，无论是在荧屏之上，还是日常的家庭生活当中，因为独特的语言能力和技巧，她的事业和生活都越来越顺利。那么，小S有哪些说话技巧？在我们每一个人的日常交流和与人的沟通当中，我们又可以从小S身上学习到哪些谈话的技巧呢？

小S徐熙娣的说话之道

1. 有攻有守，不演自说自话的独角戏

互动一直是与他人沟通谈话能够顺利进行的重要前提，实际上，任何形式的谈话和沟通都是谈话双方的互动过程，而良好互动最重要的表现是在对话的博弈当中，谈话双方有攻有守、攻守结合，访谈类的谈话更是如此。小S之所以一直被称为会说话的人，就是因为她能够把握谈话过程中的攻守技巧，和对方进行友好的互动。

2016年8月15日，吴奇隆加盟了小S的新节目《姐姐好饿》。吴奇隆一直是众多粉丝心目中的男神，从小虎队的霹雳虎到《步步惊心》的四爷，吴奇隆俘获了无数粉丝的心，而小S恰好就是众多粉丝当中的一个。在《姐姐好饿》节目录制当中，小S也瞬间变成了男神吴奇隆的迷妹，在这个特殊粉丝的强烈要求下，四爷和粉丝小S演起了《步步惊心》中的经典桥段。

借助《步步惊心》，小S抓住机会询问因为这部戏而结缘的吴奇隆和刘诗诗二人的婚姻生活。本来以为一切都在自己的掌控当中，但是小S没有想到"偶像"吴奇隆竟然会是自己所遇到的最令她棘手的男神。在节目当中，吴奇隆虽然最初处于嘉宾的角色，不过渐渐地反客为主，摇身一变成了主持人，开始反问小S各种问题。小S当然也不会甘拜下风，她机智地应对、能攻能守，即使是再犀利的问题她也会真诚地如实回答。这不禁让吴奇隆深受感动，二人真诚的互动加上针锋相对的对话，让整个节目获得了网友的大力称赞。

小S向来以擅长"撩"各类男神而著称。本来，在节目的最开

始，吴奇隆为了严密地防守小S，在酷热的夏天竟然特意里三层外三层地穿了厚厚的衣服。在做菜的环节，他更是将菜刀当成了防身武器，放在了身体的前面，就是为了防止被小S"撩"到。面对自己喜欢的男神这样阵势的严防死守，小S并没有放弃，她决定采取怀柔政策，于是，她开始和吴奇隆开各种搞笑的玩笑，并且直言不讳地说："你有那么怕我啊？"

在小S的这种怀柔攻势之下，吴奇隆渐渐地放松了对她的戒心，将注意力放到了专心做菜上。同时，吴奇隆也找到了一种应对小S的有效方法，就是大声地剁葱，声音大到让小S感到崩溃，然后反问小S问题。而面对吴奇隆的问题，小S都会真诚地如实回答，吴奇隆很感动，也开始认真回答小S的问题。小S这种攻守自如的互动方式也赢得了网友的称赞，大家纷纷赞扬小S的率直："不端着，够直爽，被反问也会如实回答，这才是我们挚爱的小S！"

尽管在最开始，吴奇隆采取了严格应对小S的防御措施和方法，但是在节目的互动过程当中，小S还是循循善诱，引导吴奇隆向广大观众说出了他和妻子刘诗诗最近的幸福生活状态。另外，为了带动节目的活跃气氛，小S还和吴奇隆一起模仿了一段MV当中的片段。在小S的引导带动下，吴奇隆第一次挑战了一个反面的角色，扮演了一个贪财好色的老色鬼，用搞怪而有趣的形象和情节让大家捧腹大笑。

到吴奇隆加盟这一期，《姐姐好饿》已经有了五期节目，回顾这五期我们会发现小S非常注重与嘉宾的互动。在互动的过程当中，她既能够体现自己攻的一面：通过各种方法让对方吐露真言；也有守的一面：放下自己，用自己的真诚去换取对方的信任。一般而言，大多数娱乐节目的主持人在与嘉宾的交谈当中都只喜欢关注对方的八卦，而小S则不是，她是和对方成为朋友，与对方进行诚恳的交流，从而引导对方心甘情愿地释放自己内心的真实想法。

所以，和小S谈话，大家都能够在她这里获得一种前所未有的轻松感，就仿佛和一个朋友在交流，从而自然而然地展示出大家想知道的自己最真实的一面。也正是因为这样，在吴奇隆的这一期节目当中，我们看到了吴奇隆温柔的一面，他不仅会做菜，而且还会经常做给刘诗诗吃。同时，与小S谈话时，他也展示出了不为人知的俏皮可爱的一面。他自曝刘诗诗会称呼他为"那个那个谁"，也坦言自己会在妻子刘诗诗面前没有形象，而且平时严肃冷峻的四爷在小S的节目中也展露出卖萌撒娇的一面，不禁让小S哭笑不得，并且多次表示："吴奇隆，你少在那边给我嘟嘴！"

而且，在谈话互动中，面对很多嘉宾提问的一些比较难以回答的问题，小S也是一直坦诚相告，以真诚去换取对方的坦诚。而面对如此坦率的小S，对于她的问题，嘉宾们也都不忍拒绝。吴奇隆在节目中曾问小S有没有想到过离婚，而小S也是坦率地回答，其实自己确实有过分居的想法。面对小S的真诚，最开始还有所戒备的吴奇隆自然会在接下来的环节放下防备、坦诚相对。

就是在这样的一攻一守、攻守结合的互动谈话当中，小S让观众看到了最想看到的。虽然小S的访问有时候也会展开各种强烈的攻势，让受访的嘉宾们猝不及防地谈及自己的生活或者心事，但是小S不会无休止地攻下去，她会恰到好处地终止即将掉入怪圈的话题，也会恰当地调节嘉宾的心情。吴奇隆节目的上一期，高云翔谈及妻子生产完之后的精神状态和表现，表现得非常激动，他心情很沉重、热泪盈眶。对此，小S及时收住谈话，以各类的笑料来调节高云翔的心情，让话题渐渐地不再那么沉重，也将两个人的情感都从激动和悲伤当中抽离，渐渐地回到了最初的状态。

小S这种在谈话当中攻守自如的互动，而且能够随时地放下自己，让自己整体地融入节目的气氛当中的完美表现，赢得了众多网友的赞叹，也让粉丝们直言"这非常小S"。从对吴奇隆的访谈过程当中我们也可以看到，对于谈话技巧的把握，小S一直驾轻就熟、举重若轻。

在小S与吴奇隆的互动当中，我们可以发现他们的谈话没有过多的口头禅，也没有"为什么"这样无休止的追问，其实，这些都是谈话互动中多余的杂音。实际上，语言互动的技巧就在于小S的攻守切换之间。很多时候，我们会在谈话当中遇到一些很尴尬的情形，例如自己所陈述的明明是事实，却总会听到类似"不对吧"这样的质疑。其实，顺利地沟通谈话需要去除一些不必要的"杂音"，才能真正地取得小S这样有攻有守、来去自如的谈话效果。

2. 掌握分寸，在分寸下促成完美沟通

语言的艺术就在于分寸的把握，其实，无论多么会说话的人，在分寸尺度的把握上也会有失误的地方。那么，懂得说话技巧的艺人们，对于说话分寸的把握是不是也有失误的时候呢？实际上小S就曾经有一次对讲话分寸把握的失误。

事情的经过是这样的，在2016年6月25日第27届金曲奖的颁奖典礼上，小S和蔡康永以嘉宾的身份应邀参加。在颁奖典礼的现场，小S不断地调侃苏打绿的主唱吴青峰，叫他"峰姐"，这令台下的吴青峰感到哭笑不得，更作势要离开。

后来，小S以为吴青峰真的生气了，给他打了很多电话，也发了十几条信息，问吴青峰为什么没有接她的电话，是不是真的在生气。结果吴青峰给小S回电揶揄她："干吗吓成这样子啦。"到此，她才知道吴青峰并没有真的生气，小S的担心也终于得到解决。

不过，对于吴青峰的粉丝而言，"峰姐"这个称呼是有特别的含义的，而且现场吴青峰的故意生气也让小S一下子处在了舆论的风口浪尖上。吴青峰的粉丝非常愤怒，他们纷纷表示要求小S向吴青峰道歉。对此，在6月28日，小S和蔡康永在网上共同发表了针对当天失言的道歉文章，蔡康永表示："金曲奖颁奖时开了不正确的玩笑，当时是我陪S一起犯的错，所以道歉也应该一起道歉。"并直言表示："对某些人来说可以吃得消的玩笑，对于其他不同处境的人来说，极可能就构成吃不消的霸凌，而带来伤害。这是我们这次错误最危险的一点。"

第二天，吴青峰发出了千字长文的回应，这件事才算真正结束。

因为在金曲奖上的失言，小S与吴青峰的事件也闹得满城风雨。在接受记者的采访时，被问及今后的主持风格会不会因为这件事而改变，小S回应："尺度和爆笑还是会维持的。"被追问原因，她表示吴青峰的幽默度是一直存在的，只是他不喜欢在公众场合被称为"峰姐"。不过在问她今后是否会注意说话的分寸及顾及当事人的心情时，小S表示"一定会"。

在吴青峰回应小S道歉的千字长文当中，他向粉丝解释道，因为自己和小S以及蔡康永之间都非常熟络，所以彼此之间这样的玩笑完全不会伤害到他，"其实我们私底下都没事，我真的没有逼他们道歉"，"我们心里都知道这就是一个玩笑"。所以，在颁奖现场，对于小S的玩笑，他心里真的没有在意，只是配合她开了一个假装生气的玩笑。不过吴青峰没有想到后续会产生如此强大的反响，而对于粉丝对小S的指责，他表示自己因为蔡康永"对于某些人来说可以吃得消的玩笑，对于其他不同处境的人来说，极可能就构成吃不消的霸凌，而带来伤害"这句话，而意识到自己应该对大家说一下具体情况。

吴青峰坦率地指出，类似的玩笑是经常存在于他和小S之间的，但是在金曲奖这样盛大而公开的场合，这样的玩笑话确实有可能会成为一个不好的示范，因为大家都是公众人物。而这种不好的示范也很有可能演变成另一个凌霸悲剧，所以他和小S以及蔡康永决定来认真地回应这件事情，以免对社会的观念和舆论造成不良的影响。"不要因为我不在乎他们开这个玩笑，你就觉得可以这样对待你身边的人"，"更需要关注的，不是我们三个人本身，是背后可能带来的影响。你可能觉得我们是小事化大，就请原谅我们想得深一点吧"。

对于小S的电话和传讯，吴青峰表示，由于小S一直急于解释，而自己因为忙于其他的事情而没有及时回电，让她误会。而在典礼上自己的假装生气实际上是因为怕生，这些都让大家误会了。在最后，他还取笑小S："所以小S说伤到我有点夸张了啦，你自己讲完还拼命怕别人生气才好笑吧！"不过，解释完这件事情后，吴青峰也表示自己感到很哀怨，因为在一个本应该关注音乐的盛大典礼上，大家的注意力却都转移到他们的身上，实际上他更希望大家把目光放到他的新专辑《冬未了》上："现在让我们来聚焦在音乐上吧！"在三个人的合力之下，这个因为小S说话失误的事件也终于落下了帷幕。

而对于小S的这次错误，她的搭档蔡康永则是用"开了不正确的玩笑"进行总结。这样的玩笑是由小S与生俱来的那种自由不羁的性格导致的，不过，蔡康永在力挺小S的同时，也表示在讲话之时，尤其是玩笑话也是应当注意分寸的。

具体来讲，这次事件的根本原因就在于小S没有注重讲话的场合，才引发了粉丝的愤怒。其实，我们可以看到小S从主持《康熙来了》到现在的成长轨迹，一路走来，就是她依靠犀利直接的语言而立足娱乐圈，这种毫不遮掩的坦率也为她俘获了大批的粉丝。的确，综艺节目对主持人的个人风格是有一定要求的，只有形成了自己的风格才能具备自己的特色。小S的特色就在于她的说话，敢说、直来直往也成了她的标志。而为了主持的效果和节目的收视率，直率大胆地去说，甚至过分一点的话语都完全没有问题，因为这是节目的需要，所以小S在节目当中说某一个嘉宾怎样是没有问题的，甚至在节目当中说对方"神经病"也不会有对方的粉丝来要求她道歉。

但是在节目之外，时间、场合和当事人都改变了，那就应该注意讲话的分寸了。小S在金曲奖颁奖现场没有意识到这一点，她依旧延续"康熙化"的讲话方式，对到场的嘉宾进行随意的越线调侃，这样就会让大家觉得她不尊重对方，因此触怒吴青峰的粉丝也在情理之中。而且，对于吴青峰的粉丝来讲，他们生气也是有原因的，早在

2011年，吴青峰个人就有在网络上明确表示过他真的不喜欢"峰姐"这个称呼，后来，在一次演唱会当中，吴青峰也再次强调自己不喜欢"峰姐"这样的绰号。所以，在大庭广众之下，小S当众这样称呼吴青峰，自然会触怒粉丝。

所幸的是，事情发生后，当事人三方都采取了积极的控制措施，小S在第一时间道歉，吴青峰也没有真正去在意，并积极回应，将粉丝的"怒火"及时扑灭了。而我们从这件事中也可以看到，率真直言是可以的，但并不是所有的场合都适合，懂得怎样去控制说话的分寸，同样是非常重要的。

说话分寸的把握，最重要的是注意讲话的场合，在不同的场合应当讲不同的话语，如果及时注意到场合的转换，小S就不会将"康熙化"的说话风格带到颁奖现场，那么也就不会出现后续一系列事情了。同时，讲话的分寸还在于说话的内容，在与人交谈的时候，要注意多讲正面的话题，尽量避免说对方不喜欢的话或者不被大众所接受的词语。

尤其是对于具备一定知名度的公众人物，更应当在谈话前了解对方的忌讳和底线，以免在交谈的过程中被触及。注重对方的身份和地位，根据对方所处的场合、身份地位去把握说话的语言，这是对对方最基本的尊重，也是对自己说的话最基本的责任。

3. 适度调侃，用特殊的方式去表达赞同

在与人讲话沟通时，适度的调侃是调节交流气氛的重要手段之一，当然，调侃是相互的，在这样的互动当中，我们可以完成一次有效的交流和沟通。

在一次时尚品牌派对上，小S顶着零下十几摄氏度的低温性感亮相。在这次派对上，小S被粉丝调侃，上万名粉丝联手要求小S唱歌，而当时一位歌手更是表示，他可以将自己整个演唱会的时间让给她。小S则表示做歌手还没有纳入自己的人生计划，等自己拍电影的梦想实现后，会认真考虑做歌手的。

小S的回答，就是一种针对他人的话语所进行的适度调侃式回答。我们在日常与人的沟通交流当中，也许并没有特别在意说话需要哪些话术和技巧。不过可以确定的是，我们每一个人都希望自己与他人的沟通在一种和谐和良好互动的环境之下完成。那么，适度的调侃就可以有效地完成我们这种沟通愿望。

实际上，在主持节目时，小S非常善于用调侃来调节气氛，让整个过程不会流于某一个方向的失控。就拿《康熙来了》最后一期来说，对于小S，这最后一期节目意味着自己的"康熙生涯"被画上一个完美的句点。对她来说，这无疑是有点伤感的，而且小S也坦言，她的确有很多不舍的感觉，但随即她又表示："我没有哭，反而会大笑，因为很少看到康永哥哭得这么窝囊。"

小S通过调侃自己的搭档蔡康永，不让整个节目的气氛无限地悲

伤下去，而且，在调侃完蔡康永后，她又开始调侃陈汉典。小S向观众透露，在最后一集，陈汉典会痛哭流涕，她说，她一直以为陈汉典"是一个没有灵魂的人，没想到会哭得那么惨，所以大家一定要看哦"！通过这样的一种方式，让大家在对《康熙来了》的不舍中，再次体会到节目的幽默和搞笑。而谈及和自己的搭档蔡康永的分别和变化，小S则继续调侃蔡康永："康永哥差很多耶，以前曾经这么帅过，现在变老又变胖！"

当然，作为一种说话的技巧，在与人交流沟通时适度地运用调侃可以缓解对话双方的紧张气氛，也能够及时化解隔阂。而通过小S的表达方式我们可以看出，调侃的方式主要有五种：

（1）形象式调侃

在主持节目时，小S难免也会遇到嘉宾很难进入状态的情况，但是从往期的节目当中我们可以看出，无论是《康熙来了》还是现在热播的《姐姐好饿》，作为主持人的小S从来没有让节目冷过场。当大家都感到无精打采的时候，小S就会运用形象式的调侃来与大家互动，使幽默的气氛重回现场。例如，她会给大家讲一些风趣的寓言故事，将故事中的形象与现场的嘉宾相联系，再通过她鬼马派但又形象生动的语言，保持整个节目的气氛一直处于活跃的气氛。

（2）解答式调侃

解答式的调侃，也称为批评式赞扬，即故意批评对方，让对方形成心理压力和错觉，然后再进行解释。通过这样的一种调侃，可以让原本有些压抑的沟通气氛变得轻松，从而产生幽默的效果。

这种调侃方式是我们比较常用的一种话术，尤其是熟悉的人之间，或者是长辈与年轻人之间，这样的交流方法能够有效地解决说话人较为紧张的心理，通过解答式调侃，不但说出了问题所在，也让交流双方的距离在无形当中被拉近。

(3)夸张式调侃

小S擅长将事实进行无限制的夸张,从而营造出一种不协调的喜剧效果。这也是在沟通当中有效调节说话气氛的技巧之一。

例如,一个人坐火车,但是火车开得太慢了,他很着急,积了一肚子怨气,怎么发泄呢?他想到了一个办法,当列车员检查车票的时候,他递给列车员一个儿童票,而列车员也很"配合":"没有看出来,你竟然是一个小孩子呢!"这个着急的乘客则回答:"我现在已经不是孩子了,但是我在买车票的时候,的确还是个小孩,只能怪你们的车开得太慢啦!"

这位乘客对火车的缓慢程度进行了无限制夸张——让自己从一个小孩变成了大人,这样的一种谈话技巧,不但有效地表达了自己的不满,而且又是一种他人乐于接受的方式。

(4)故意歪曲式调侃

顾名思义,故意歪曲就是故意对事实进行一些荒诞的解读。我们在日常生活当中,会遇到一些"无厘头"的人,他们总是会将两种毫不相关的事物联系在一起,有时候也会达到一种"情理之中、意料之外"的效果。

而说话也同样可以应用这样的一种方法和技巧,尤其是我们需要调节气氛,让沟通变得更加幽默和轻松的时候。选择一个生动的事例,可以适当地以偏概全地去调侃,也可以化大为小,化多为少,这样不但会产生一种喜剧的效果,有时候还会引人深思。

(5)"敌意式"调侃

这种调侃方式的效果就在于,对方能够集中精力去倾听你所说的话,并且能够记住它们。这种说话的技巧属于较为难以掌握的调侃方式,因为它虽然便于我们表达,但如果无法掌握适当的分寸和尺度,就有可能伤害到对方,不利于沟通的顺利进行。

而小S则是能够有效地驾驭这种调侃方式的高手，就拿第27届金曲奖来说，当时蔡康永在现场就表示，之所以停播《康熙来了》，除了曾经公布的原因之外，自己还有一个原因并没有告诉小S，那就是在过去很多年里，小S和黄子佼的事件。而如今他们两个在节目中和解的时候，蔡康永也终于松了一口气，他感慨道，持续了这么长时间的冤案终于在大家的期盼之下和解了，他也就放心了，"所以完成了这件事，我就觉得《康熙来了》可以结束了"。

而在蔡康永旁边的小S，也适度地去调节这一事件的话题氛围，她调侃说："实际上，我和黄子佼还可以再闹翻的，因为他还有很多把柄在我手里，我还没有说出来呢！"调侃完之后，黄子佼则这样回应小S："我坐在这里，就是为了向大家证明，我不止有159公分。"而小S则隔空向他大喊："于公于私咱们都玩完了，你快跳下来吧！"双方"敌意式"地调侃对话，让所有的观众不禁捧腹大笑。

实际上，小S的这种调侃方式，就是对语言和话题理智的把握，而适度的调侃无异于促进双方沟通更进一步的催化剂。当然，除了上述的事例之外，小S也经常调侃其他的嘉宾，例如林志玲。她曾经就搭档蔡康永所开的玩笑，说小S的姐姐和姐夫汪小菲结婚占据娱乐版面头条可能会让金马奖的组委会生气，并表示，其实更生气的应该是林志玲，因为她不但没有入围，而且也没有把自己给嫁掉。

除了林志玲，刘德华、洪金宝、蓝正龙等许多知名演员也都被小S调侃过，甚至连冯小刚也不例外。小S通过这种不一样的说话方式和技巧来表达赞美和认同，产生了良好的效果，这一点，值得我们去学习。

4. 善于倾听，是最有效的口才技能

在交谈和沟通当中，用心倾听是一种更好地了解他人的手段，也是一种与人进行良好交往的智慧。我们都知道，人与人之间的相处，随时随地都需要倾听，但是现实生活当中却有许多人并不注重倾听。例如，有的人为了引起他人的注意，会不顾别人的感受而滔滔不绝地诉说，这种行为不但会占用他人的宝贵时间，也会引起别人的反感。

一个不会倾听的人，是不会成为说话高手的，这样的人也很难达到自己说话的目的。小S之所以会有如此高的口才技能，就在于她在会说话、知道怎样去说的基础上，更懂得认真倾听。在有效而认真的倾听当中，她明白了对方的感受和需求，并因此给予对方正确的反馈，这是小S得以与他人顺利沟通的重要原因之一。

在小S的微博视频当中，我们可以看到她精心布置的书桌、女儿成长的照片以及与老公恩爱的合影。而对于生活的感悟，小S更是坦言，在婚姻生活以及与亲人朋友的交流中，最重要的就是沟通，如何去说、怎样去说是一种技能，但更重要的是学会倾听对方。只有学会倾听，我们才能和他们有更好的交流，生活才能够幸福、精致。

对此，小S也向网友透露了一个自己和婆婆在倾听与交流上的故事。因为要出席金曲奖，小S为了搭配准备的衣服，就画了一个独特的眼妆。而恰好小S的妆容被婆婆看到了，参加完节目回到家后，婆婆就对小S说："你昨天脸上画的是什么啊？不好看。"而对于婆婆的吐槽，小S则"无奈"地回应："妈，这是音符，也是创意。"但

是，婆婆依然没有理解她的创意，这不禁让小S感叹，这样明明很漂亮的嘛。虽然婆婆比较喜欢正常的自己，但是风格还是要保持，为此，小S还专门在Facebook上发了一张自拍照。

但是，令小S没有想到的是，第二天，小S的婆婆竟然亲自到Facebook上向她道歉，对自己批评媳妇妆容的行为表示抱歉。这件事不仅让小S的婆媳关系再次升温，也让小S意识到，自己应该去倾听婆婆的心声，婆婆率真直言，实际上是关心自己。而婆婆也表示，看到小S的妆容，以为是她的脸出了问题。

婆媳两人在网上的互动获得了网友们的夸赞，尤其是婆婆的话，很多网友表示，说出了众多婆婆的心声。小S也感谢婆婆说："谢谢妈妈永远都对我那么真诚，我知道那是因为您真的爱我！但媳妇稍微对时尚有不同见解！也请妈妈多多包涵。"其实，小S和婆婆的这个故事是我们日常生活当中所面临的众多事件之一，而小S和婆婆则给我们树立了一个沟通交流的典范。如果小S不去倾听婆婆语言背后的真实想法，而是将婆婆的话当作一种责备，那么她就不会体会到婆婆对自己的关心和关爱。可见，不仅仅是对家庭，对所有的沟通和交流来说，认真倾听是多么重要。

那么，既然在与人的交往当中，倾听扮演着如此重要的角色，怎样才算是真正的倾听呢？当我们看似认真地去注视着对方，实际上这有可能并不是有效的倾听。在沟通当中，倾听分为三个层次，而我们所说的这一情形，就是倾听的第一个层次。

在这个层次上，倾听并不会对说话双方的交流和沟通产生任何实质性的正向作用和影响。看似在认真地注视着对方，但是实际上并没有注意到对方说了什么，这样的倾听，并不能算是严格意义上的倾听，听者很有可能在想其他一些毫不相关的事情，或者想怎样去反驳。这一层次的倾听，不但不会促进沟通的有效完成，反而可能引起谈话双方关系破裂等。

倾听的第二个层次，是在交流的过程当中，作为听者一方，会有意识地听诉说话者所说的话。在这个层次，倾听有一定的效果，但是依旧无法做到有效地倾听对方。交谈中，听者往往只是听到对方所说的词语、字义，而不会关注对方的语气、语调的变化和肢体的语言。而我们大多数都处于倾听的第二个层次，在这一层次，我们很容易忽视说话者通过非言语的话语向我们传递的信息。而且，我们如果因此无法给予对方正确的反馈，那么，整个交流过程也许会因为一些误解而偏离沟通的最初目的。

倾听的第三个层次是用身心去倾听，关注说话者语言或者动作背后的感受，然后通过这些感受去解读对方的需求。这是一个优秀的倾听者所应该具备的最高倾听和口才技能。这种方式能够在清楚地知晓对方喜好和需求的基础上，通过各种语言传递的信息，去分析对方的感情和态度，并根据对方的需要给予正确的反馈，而不是急着做出自己的判断和评论。只有这个层次的倾听，才能称为真正意义上的倾听，也只有通过这样的倾听方式，才能达到有效沟通的效果。

小S就是一位善于高层次倾听的口才达人，她也通过众多的事例告诉我们，在日常的交流当中，我们每一个人都需要学会高层次的倾听。而最重要的就是专心，即用全身心去倾听，不仅仅要听说话者所说的语言，更要注意对方的表情、语气和动作，并给予对方积极而正确的反馈。而当我们以一种全身心的专注状态去倾听时，说话的一方也会因为感受到我们的重视而让自己更加放松，这也有助于他更好更完整地表达自己的想法和需求，更有利于达到良好的沟通效果。

同时，在沟通当中，我们也应当注重反馈，这一点对倾听的效果来说显得尤为重要。试想，你在向一个人表达自己的感受和想法，但是对方却一点回应都没有，你会作何感想呢？或许，话题会戛然而止。而反馈在倾听当中需要以一种不带有自身感情色彩和判断的形式向诉说者提出，这样有助于对方完整地表达。通过反馈告诉对方，自己在认真地倾听。同样，通过反馈的方式，也可以让对方知道，自己所理解和感受的内容是否和他说的相符。

另外，我们还应当注意，在倾听的过程当中不要先入为主，要放下个人的成见和观点，不能依据自身的想法下结论，而要通过全身心地倾听对方，体会对方内心深处的想法和感受，并通过积极正确的方式给予对方及时的反馈，只有做到了这些，我们才能够真正地掌握倾听的技能，才能成为一个优秀的倾听者。

倾听，是一项重要而有效的特殊口才技能，我们通过小S的说话技巧，了解了倾听在沟通交流当中的作用，也明白了倾听的层次。更重要的是，我们与人的说话交流需要高层次的有效倾听，只有成为一个优秀的倾听者，掌握倾听的技巧，我们才能让沟通变得更加顺利。

5. 察言观色，想要说服一个人就必须要了解他

在与人沟通交流时，我们可以通过一个人的言辞来判断他的性格、爱好以及对某一事物的看法和态度。同样，我们也可以通过他的神色来窥视他的内心。除此之外，他的手势、坐姿、衣着等方面也会向我们透露众多信息，而对这种信息的解读能力，就是我们在沟通当中察言观色的技巧。

特别是与我们并不熟悉的人进行沟通，我们除了要更加注重倾听对方说话的内容之外，更要通过对方表情的变化、声调的高低来判断对方的心理，以便及时满足对方的需求，让沟通得以更加顺利。可见，察言观色作为一种重要的谈话技术，需要我们不断地去学习和掌握，只有这样才能更好地将这种能力和技术应用于日常的沟通。

有人将沟通中的察言观色比喻为查看天气，的确如此，随着不断成长，因为种种因素，我们都学会了善于伪装，学会了隐藏自己的内心情绪，所以，并不是每一个人都会将自己内心的喜怒哀乐表现出来。这时候，察言观色就成为了一门重要的学问和技巧。如果不懂得这些技巧，我们就很难让沟通顺利地进行下去。

在清代时，一位书生经过多年的寒学苦读，终于获得了一个职位，是某一个地方的县令。按照惯例和仪式，新官上任之前需要前往拜见自己的上司，于是这位书生就去了上司的家中。或许由于紧张，书生不知道怎样开口，就这样沉默良久之后，他忽然开口问道："大人尊姓何名？"

听到下属这样问，可以想象这位上司有多么吃惊。虽然有些不悦，但是他还是勉强说出来了自己的姓名。书生听完后，沉思了一会，说："大人的这个姓，好像百家姓里面并没有。"上司听完更是惊讶，他对书生说："我是满洲正红旗，难道贵县并不知道我是旗人吗？"而书生呢，并没有觉得有什么不妥，也没有留意到上司的脸色，继续说："正红旗不好，没有正黄旗好，大人怎么不在正黄旗呢？"

听到这里，上司再也压不住自己的怒火，他问书生："你是哪里的人？"书生回答："山西人。""山西不好，陕西最好，你为什么不是陕西人？"书生听到上司的话，不禁吃了一惊，这时候他才发现上司的满脸怒气。第二天，这个书生就被上司罢免了，他也因此再度回家。如果这个书生与上司说话的时候懂得察言观色的技巧，他就会及时发现上司情绪上的变化，及时地应对，也许就不会丢官。

小S无论是主持节目，还是在大众当中的形象，都以麻辣敢说而著称，以至于在大多数人看来，没有什么事情是小S不能说、不敢说的。对此，小S坦言，自己在说话上并不是大家以为的那样百无禁忌，什么都敢说，相反，她很会察言观色。尤其是在主持节目的时候，小S说："你们不要看我很会吃男明星的豆腐，问他们一些麻辣的问题，其实我一直都是在暗中察言观色，如果嘉宾一旦显露出不高兴的表情来，我就会立刻撒娇讨饶。"

对于自己露骨的说话风格，小S表示，虽然问了很多犀利的问题，但是她内心实际上是非常忐忑的，因为她也很担心嘉宾会生气。所以，她会通过察言观色来把握自己说话的度，争取在嘉宾可以接受的范围之内。"因为我会顾及好朋友的感受，比如范范的那期节目，范范是个很保守的人，她最不想聊的就是性事，因此我就不会提及。"

而除了节目之外，小S更是非常注重自己的说话方式。她说，家人和朋友都应当去珍惜，不能因为自己的语言而对他们有所伤害。在家里，小S基本上都是以老公和公婆的意见为主，与他们交流时，她也会通过察言观色来满足对方的需求。正是因为这样，她的婚姻生活也非常顺利。

　　既然察言观色在沟通交流当中具有如此重要的作用，作为一项谈话的技能，在实际当中，我们应该怎样去学习和掌握呢？概括来讲，可以通过对方的脸色和其他的肢体语言来获得。

　　其中，脸色和眼神应当作为察言观色的重点，因为一个人内心的感情变化、情绪波动都会在脸色和眼神上有所体现，辨读脸色和眼神能够让我们更加接近事情的真相。例如，一个人如果内心是愤怒的，那么他的嘴唇就会紧紧地抿在一起，眼神也会变得犀利，最明显的标志就是皱眉头；而如果对方的内心是喜悦的，那么他就会在交谈当中自然地放松、嘴角上扬，面带笑意。

　　除了脸色，对方说话的速度、音调也是我们观察对方的根据。心理学上讲，一个人的说话速度往往可以反映一个人的心情。当一个人说话的语速明显要比平常慢，甚至是一个字一个字地说的时候，他的内心很有可能是愤怒或者不满的；而一个说话慢吞吞的人突然加快了语速，那么这个人就有可能在说谎，或者在掩饰什么。

　　同样，音调也是一种察言观色的依据。当一个人说话的音调不由自主地提高，这说明他有可能在说谎，或者特别急于证明自己观点是正确的。而如果一个人说话音调始终如一，语言流畅，这说明他是一个非常有自信的人；相反，如果他吞吞吐吐，口不择言，则说明极度缺乏自信。另外，低头表示对方的内心在思考什么问题，抱着胳膊也是如此。

　　只有学会了察言观色，我们才能够在交流当中与对方产生良好的互动，通过留意对方的表情和举止，读懂对方无声的语言。这样不但可以避免交流中不必要的尴尬，而且通过多次的观察与判断，还能够提升自己的观察能力，读懂对方内心的真实想法和感受。就像小S一样的说话达人，不但不会让朋友感到讨厌，而且还能够让自己的工作及生活因为良好的语言交流而更加顺利顺心。

Part 05
说服技巧：
口衔一万种说话技巧的气质辣妈

小S不单单说话大胆，精于幽默和恶搞，还擅长说服别人，这在她主持的节目中可见一斑。无论是成熟稳重的吴奇隆、聪明阳光的李治廷、机灵老练的黄渤，还是粗犷豪迈的高云翔，在小S强大的说服力面前，都被驳得哑口无言，乖乖就范。

在日常生活中，说服无处不在，请求朋友帮忙的时候、推销商品给消费者的时候、演讲的时候……都离不开这种说话技巧。说服别人有时会成功，有时会失败，那么，我们应该学习怎样的技巧，才能达到说服他人的目的呢？其实，小S恰恰就是我们借鉴的对象，学习她的谈话之道，是掌控别人心理、快速提高说服能力的捷径。

1. "激将法"说服别人就范

在一期《姐姐好饿》中，小S请到了著名演员、音乐制作人李治廷，在做饭环节，小S问到了李治廷在拍戏时有什么禁忌，李治廷的回答是不能吃辣，因为他的扁桃体容易发炎。小S故意看了看桌上的辣椒，对李治廷说："我就是想让你吃吃看。"不过，李治廷可没有这么容易上当，他准备找个理由推脱。但小S看出了李治廷的心思，她并没有急于逼迫他吃辣椒，而是给他讲了一个故事，她说："有一次和一个男生一起吃饭，我点了汤，然后对服务员说辣一点，然后那个男生赶忙说：'我不吃辣，我不吃辣。'我就觉得那个男生是个娘娘腔。"然后，小S做出了一个无所谓的表情，继续对李治廷说："因为你在拍戏我就不勉强你，你也不要伤害自己嘛。"此话一出，李治廷开始有所动摇，对小S说："既然你都说到这份儿了，我不要让你瞧不起。"接着吃了一口，并说这辣椒不是很辣。

一听这话，小S又拿出了一个红辣椒放在李治廷嘴边，李治廷赶忙说道："做人不要得寸进尺。"小S一心想让李治廷吃这个辣椒，就说道："我就是喜欢得寸进尺。"看这句话并没有让李治廷就范，小S又灵机一动，柔声道："你如果把它吃了，我就相信你是一个真正的男人，如果你不吃，你就是一个不敢吃辣的娘娘腔……而且长得还很像王力宏。"李治廷被他这么一激，最后拿起一个辣椒全部吃了下去。当然，结果是李治廷被辣得跑出去猛喝水……

从上文可以看出，小S的目的是让李治廷吃下辣椒，而为了达到

Part 05
说服技巧：口衔一万种说话技巧的气质辣妈

这一目的，她一共采取了两种方法。一种是耍刁蛮，采取正面强攻的方式，比如那句"我就是喜欢得寸进尺"就表现了小S的霸道。事实上，这种方法并不怎么奏效，反而引起了李治廷的拒绝和推脱。接着，小S转变了策略，由"强求"变为"激励"，从正面和侧面抨击不吃辣椒的李治廷不够男人。而像李治廷这样的优秀演艺人肯定也是个非常要强的人，他为了证明自己，毅然选择了吃下辣椒，也顺利地让小S达到了目的。

其实，小S在节目中运用的就是激将法，也就是用刺激对方的话诱导别人做出他本来不想做的事情。简单来说，就是利用了别人的逆反心理和自尊心，以"刺激"而非说服的方式，将对方的潜在能力和不服输的精神激发出来。不过激将法在使用过程中一定要掌握好分寸，要看清楚条件，结合具体的语境和环境才能更好地运用。太缓，对方感觉不到；太急，对方就会起疑心。小S如果看到李治廷不敢吃辣椒的时候，就直接对他说不敢吃辣椒就不是男人之类的话，很可能达不到预期的效果，所以小S给他讲了一个和男生出去吃饭的故事，旁敲侧击地"激"了李治廷一下，迫其就范。

其实，小S还使用了一种"暗激将法"的技巧。小S在李治廷被"激"而产生心理动摇的时候，反而劝导李治廷不要吃辣椒，并说些吃辣椒会伤身体的话。这表面看是对激将法的放缓，实际上是用了一种"暗"劲，打消了李治廷的疑虑，强化了他用吃辣椒来证明自己是真男人的念头。这也算是"欲擒故纵"。

当然，暗激将法使用的最佳时机是对方不信任你的时候，这时可以利用正面的劝导，诱使对方做出相反的决定。例如，你想买一个公司的技术专利，而对方的CEO正在犹豫不决，你除了可以买通他最信任的下属说好话之外，还可以买通他最讨厌的同事，让这名同事劝导他不要把技术专利卖给你。而出于对同事的不信任和反感，他很有可能将专利卖给你。

　　激将法对小S来说可谓是家常便饭，有一次，高云翔在《姐姐好饿》栏目中给小S做鸡翅。当高云翔将蔬菜放进锅里慢慢炒的时候，小S对高云翔冷嘲热讽道："黄渤炒菜的时候烟很大，你的菜是娘们做的吗？"高云翔赶紧解释说："我喜欢安静地炒菜。"没想到小S不依不饶："我看也不怎么样，连烟都没有，一点都不Man。"高云翔打圆场道："我觉得男人在做菜的时候就是应该安静，而不是爆炒，爆炒的菜未必好吃。"高云翔本以为自己的巧妙解释会让小S停止牢骚，但不想小S就是那种"得寸进尺"的人，她慢条斯理地回答道："不见得呀，黄渤爆炒的虾仁就非常好吃，而且看起来好帅……"高云翔听到这话，终于沉不住气了，对小S说："快把鸡翅放进去。"结果，高云翔开始高调地翻炒鸡翅，并且因为太急于表现自己而不慎把一个鸡翅翻到了地上。

　　我们可以看到，小S在这里就利用了"对比激将法"。而所谓"对比激将法"，就是在某人面前赞美一个比他更优秀的人，把对方不服输的精神激发出来。激将法人人都会用，但难点就是如何用好。小S的诀窍就在于让对方情绪产生波动，从而失去自控力，乖乖就范。

Part 05
说服技巧：口衔一万种说话技巧的气质辣妈

2. 说服对象+说服方式=说服力

按照心理学的解释，说服就是通过主观的努力来改变别人的观点。在现实社会中，我们完全算得上说服的牺牲品，打开电视和电脑，我们面对的广告永远比节目和视频要多得多，同理，我们也无时无刻不在说服着别人。而事实上，说服是一项技术，如果我们搞不懂这些技术，就会寸步难行。说到如何说服别人，小S就是个中好手，从说服李治廷吃辣椒到说服嘉宾模仿场景戏，小S的说服能力的确不容小觑。她每每成功的原因主要还是她对说服对象研究透彻，对说服方式的运用也非常得当。

要想说服别人，首先要了解说服对象。年龄是必须要考虑的问题，按照大多数人的观点，年纪越大的人越保守，而实际上，这只是表象。据心理学家分析，随着年龄的增长，人反而会变得越来越开放，现实中有很多事例可以证明这一点。

例如，一个老年人可以花上万元买一个健身器材或数码相机，但作为一个年轻人来说，即便再喜欢健身，再爱好摄影，也不一定舍得如此破费。既然如此，我们为什么会觉得老年人保守呢？那是因为我们和他们所经历的时代不同，成长背景的差异造成了年轻人对年长者的偏见，所以，无论是说服年长者还是年轻人，都应该提前充分考虑他们所经历的时代背景，顺着他们的观念进行说服，而不是想当然地以自己的主观臆断为根据。

除了考虑年龄差异和时代背景的关系外，我们还应该关注说服对象的具体特点，判断什么样的人更容易被说服。一般情况下，容易被说服的人具有以下特点。

一是社会地位不高的人。社会地位在一定程度上代表了这个人是否被社会认可，社会地位低的人，其言论往往会被忽视，而社会地位高的人所说的话，往往会被别人信服。可以这么说，社会地位高的人更容易说服社会地位低的人。例如，你是一名亿万富翁，你口中说出的理财经验往往更容易被人们认可，甚至能超过经济学专家的言论。所以，社会地位可以大大增加一个人的说服力。

二是"随大流"的人，也就是从众者。这类人喜欢随波逐流，缺乏一定的主见和自信，他们通常以别人的行为为参照，"三人成虎"和"曾参杀人"都是说的这种现象。在现实生活中，想说服这类人并不难，只需要制造一定范围内的舆论就可以。例如，某些低劣保健品厂商就是依靠"托"来忽悠消费者，而"随大流"的人看到周围的人都在购买，自己也就自然而然地慷慨解囊了。

三是有社交恐惧的人。这类人的自信心明显不足，总是不停地重复和认同别人的观点来减少自己的焦虑。他们总希望给人们留下一个好印象，害怕别人对自己提出质疑甚至害怕与同事在公共场所进餐，也不敢与老板、同事有任何的争论。这样的人极度渴求别人的认可，当然也很容易被对自己友善的人所打动。

四是亲密度需求高的人。这些人相对缺乏安全感，总是希望和任何一个他所遇到的人建立良好的关系。他们不希望被任何人疏远，所以他们更容易服从别人的观点来获得彼此亲密的关系。只不过，这类人的稳定性较差，在被某一人说服后也很容易被另外的人反说服，具有"墙头草，两边倒"的特性。

以上四类人虽然容易被说服，但如果我们不得其法，还是有可能败下阵来，况且，我们说服的对象很有可能是一个意志坚定、非常有主见的人，如果是这样，我们说服成功的希望就更渺茫了，所以，掌握一定的说服方式同样重要。

假设，你可以无限制地抬高自己的社会地位，你认为成为什么样的人会更有说服力呢？大部分人都会选择首富、政客、教授甚至是神父。其中，神父是人气最高的选项，因为神父不仅占据了舆论的制高点，还带有宗教的神秘性。但事实真的如此吗？

很不幸，答案是否定的。据调查，信徒们在一次祷告结束之后，只有不到一成的人记住了神父所说的内容。也就是说，这些看似权威的人士大多不会成为优秀的说服者，因为他们的目的性太强。就像在一个宣传保健品的讲座上，即便演讲的人是一位公认的医学博士，抑或是医药界的泰斗级人物，他都不会有很大的说服力，因为听众事先已经有了一个心理暗示，那就是无论你怎么说，说得多么好，你都是在说服我们，都是在硬性地让我们掏钱买药。这种目的性会让听众产生厌烦，那么，如何才能增强广告的说服力呢？小S在《姐姐好饿》中的推销方式非常值得借鉴。

《姐姐好饿》栏目从来不会切换广告场景，也不会中途停播穿插广告，而是采用植入的方式，由小S与助理嘉宾代为宣传。在由佟大为作为嘉宾的那一期，小S与他共同制作姜味红糖红烧肉。当佟大为要小S准备姜和红糖的时候，小S顺水推舟地说："要不要把×××红糖姜茶倒进去，这个应该可以代替姜和红糖了吧。"佟大为表示认可。小S又煞有介事地对着镜头说："如果好吃，我一定会说好吃，如果不好吃，我也会说好吃。"接着又调侃地说自己是身不由己，因为赞助商是红糖姜茶。

我们可以想到，小S做的这个看似不是广告的广告要比传统的广告更具有说服力，最重要的一点就是这则广告目的性不强。本来是要用到姜和红糖，结果这两样东西都没有，只有选择旁边的红糖姜茶代替，这样的安排不会让观众事先形成一定的防卫心理。其次，这则广告是现场演示，完全用红糖姜茶代替姜与红糖，从侧面说明了产品的天然绿色和高纯度，也在一定程度上强化了观众的好奇心和购买欲望。

其实，即便是小S巧妙利用节目时间植入广告，也曾经被观众们举报广告太多，影响节目质量，以至于小S竟然专门在一期节目中解释了这件事，并和《康熙来了》的制作人王伟忠进行了一段对话。小S说："有很多观众反映《姐姐好饿》植入广告太多，但没有广告我们节目哪里撑得下去呀。"王伟忠则回答："广告就是爸爸，比我还亲，所以广告一定要有……"接着，小S又和王伟忠一起念起了广告的台词。这段剧情严格意义上来说也算是广告，却丝毫没有引起观众们的反感。究其原因，就是他们将目的性坦诚地告诉了大家。的确，厂商做广告的目的是增加销量，而《姐姐好饿》为其宣传则是为了获得赞助资金，将目的性坦率地说出来反而会使大家认为你很真诚，从而更愿意站在你的角度思考这么做的必要性，更愿意谅解这些做法。

3. 影响说服力的"内因"和"外因"

小S在主持节目时，很少会盲目地进行劝说，而是循循善诱，观察被说服者的心理状态和性格，采取针对性的交流方式。她还可以自发创造环境，增强说服效果。搞清楚影响说服力的内因和外因，将有助于我们在短时间内迅速提升口才。

（1）外因

不同的环境，说服的难易程度不同，同一种方法取得的效果也会千差万别。很多人都会认为，人在愤怒和抑郁的时候很难被说服，而在兴奋或者情绪高昂的时候则很容易答应别人的请求。按常理分析，这个理论并没有什么问题，而实际上，前者是正确的，而后者却是错误的。为什么呢？因为人在兴奋的时候，反应力和洞察力都处在巅峰时期，他们有精力动用大量的脑细胞和神经系统判断你的话语，你的语言稍微有点不到位，就能被他们察觉，在这样的环境下，说服效果非但得不到提升，反而会降低。

（2）内因

首先是自身形象。如果你吐字清楚，说话流畅，能够轻松应用很多专业术语，并且长相俊俏，说话幽默，穿着也很像一名专业人士，那么你说服一个人的概率将会增加很多。其实，自身形象不仅仅包括这些，还有你在被说服人心中的形象。假设你和对方的关系平等，或者低于对方，那么你很可能要向他讲一大番道理，动用各种专业知识，确定对方听明白后，再让对方自己做决定。如果你在被说服人心中一直是一个非常权威的形象，那只要在说服过程中就为他制定好详细的行动策略和步骤，表现出你的实力和主见，最后，你吩咐他照做就可以了。

其次，谈话的内容也非常重要。为了增强说服力，你最好先说些让对方做出肯定回答的话，例如，你想问妈妈借钱，但先别提借钱的事情，先说"您今天发型很漂亮"或者"您接受新鲜事物能力比我那些朋友的妈妈强多了"以及"在家里您是最疼我的，对吗？"等话语。在获得对方肯定的回答后，再提出自己的主要事情，往往能起到意想不到的效果。

最后，需要把握好被说服者的心理。例如，政府在以往做了很多吸烟有害健康的公益广告，甚至开设讲座和论坛，聘请国内外知名专家讲解烟草对人们的危害。而实际上，不管是语言说明、文字讲解，还是更高端的视频、图文分析，所起到的作用都很小。很多人看了禁止吸烟的广告后都觉得自己很酷，其实是他们的逆反心理在发挥作用——你们原来都不敢吸烟，我偏偏要吸烟，因为我勇敢。有这种心理的人简直是太多了，想要说服这类人，可以运用"欲抑先扬"的方法，换一种说服方式。总之，要把握住被说服者的各种心理，摸清他们的心理状态和主要因素，然后对症下药。

曾经有一所小学为了孩子们的安全和保证教师的正常上下班而想法设法地说服家长准时来接孩子，后来，校方想到了一个好办法，就是规定迟到的家长要为自己的行为付钱，遗憾的是，这项政策持续了一年就放弃了。据调查，在这一年内，学生家长的迟到率非但没有下降，反而上升了。因为很多家长认为，虽然耽误了学校一些时间，但他们也为此付出了金钱，这相当于一种等价交换，所以他们不会有任何的内疚感和羞愧感。

所以，我们还应该考虑到被说服者的道德因素，不能抹杀他们的内疚感。例如，求朋友或同事办事的时候先不要把酬劳拿出来，等到对方开口或者事成之后再给予重谢，如果一上来就谈钱，对方就会有种被金钱收买的感觉，反而不容易答应。

4. 在演讲中说服对方

小S在主持节目的时候，常常会用自己的说服力诱使嘉宾就范，或者借此调侃嘉宾。而在日常生活中，虽然我们主持节目的机会不多，但演讲却是绝大多数人经常遇到的。但很多人不懂演讲，总是提不起现场的气氛，也有一部分人不知道怎样说服别人，使演讲效果大打折扣。其实，演讲并不是每个人生来就会，而是后天逐渐锻炼、强化的结果。那么，如何在演讲中增强说服力呢？首先要了解说服别人的两种途径。

一是常规途径，也就是充分发挥演讲者的逻辑思维能力和智商，谨慎地说出自己的论点，以确保没有明显的思维漏洞。这就需要演讲者对所演讲的内容非常熟悉，已经可以用绝对专业的语言让各种阶层的听者普遍接受。例如，你想在发布会上推销一部手机，那你就必须运用这种常规途径，将该手机的各项功能、适应人群，甚至是处理器的运行速度、显卡的性能讲清楚。因为台下的听众都是对数码设备有一定了解的人，你的任何技术性错误和不专业的词汇很可能会被当众识破。

二是边缘化途径，这种途径看上去稍微有些"旁门左道"，就是通过明星效应达到说服的目的。例如，有段时间德芙巧克力销量下滑，厂家就邀请Angelababy做了一个广告。那个广告没有任何说明的成分，也没对巧克力的原料和制作有任何解释，只是让Angelababy在广告中吃了一块巧克力，并说了句"纵享丝滑"。广告播出不久，德芙的销量开始缓慢提升，为什么呢？首先，明星Angelababy的粉丝会最先掏腰包购买她代言的产品，这就是明星效应。其次，一些不熟悉Angelababy的人看到她的美貌也很可能会选择购买，这就是性唤起。

当然，很多产品没有特色，一些无良的商家甚至会利用边缘化途径坑蒙消费者。例如，很多保健品"小作坊"会召开各种讲座，用一些经过特殊处理的照片和视频展示患者的痛苦样子和身体的悲惨状况，然后夸张地描述得病后的危险和可能遭受的境遇。这时候，很多患者就会因为恐惧而盲目购买，这就是"威胁"的方法。

在了解了演讲的途径之后，接下来就是途径的选择问题了。常规途径一般是应用在理性的内容方面，如"产品发布会""成功学演讲""营销方法论"等学术性演讲，而且要求有明确的主线、表述清晰、语速要放慢，让听者在完全理解的基础上被说服。边缘途径则适用于感情方面内容的演讲，如"爱国主义教育""奉献精神""揭露社会丑恶"等。

开讲之前，还要了解听众的情况，尤其是辩论会、路演等互动较激烈的演讲，一定要熟知听众们的文化程度和个人背景。这样，就可以轻松说出听众所熟悉的例子和内容，从而拉近彼此的距离。切记，不要说一些令人不快的话语。首先，不要盲目地讽刺某些现象，因为难保不会触动某些观众的敏感神经。其次，如果你的演讲对象是你的老板、上司或者长辈，尽量不要调侃他们，应该多一些自嘲，在尊重他们的情况下增加幽默元素。最后，不要有贬低性质的话语，这点尤其要注意。很多时候，演讲者都会有意无意地让听者感到不快。例如，你毕业于北京大学，你的听众中有不少清华大学的学生，这时候，你最好不要夸耀你的学校，更不能针对别人的学校或单位进行评头论足。

为了增加说服力，演讲之前最好做一些准备，如果时间充裕，可以反复研读演讲稿，并进行一些有针对性的练习，这种提前预习的方式可以让演讲者发现很多疏忽的地方。练习的时候，要设想听众可能提出的疑问，并提前想好答案。高明的演讲者往往会故意模糊地表述某些内容，以引导听众进行提问，然后他再做出完美的回答。当然，在很多情况下，演讲者的时间并不多，尤其是即兴演讲，甚至连写提纲的时间都没有。在这种情况下，演讲者最好讲些自己熟悉的内容，运用的例子和假设也应该是以前用过或反复验证过的，并尽量避免盲目追求新颖，因为创新的言论漏洞往往也多，尽量展示真实的自己才是上上之策。

幽默能为演讲锦上添花，在演讲过程中，偶尔穿插一两个幽默的笑话有助于调节气氛，如果该笑话与所演讲的主题契合就更妙了。

此外，无论是边缘说服途径还是常规说服途径，演讲者的着装对于说服效果的影响都很大，要针对不同的演讲内容，选择不同的服装。一般来说，黑色或者深色的服装传达了一种稳重和权威，白色的衣服代表了专业性（类似于医生或者研究员的白大褂），柔和的淡色代表了和蔼和淡定，花花绿绿与比较杂乱的颜色则代表了创新。如果还是不太明白，可以参考现在流行的时尚杂志，里面有很多关于如何搭配衣服颜色，以适应各种场合的文章和图片。服装穿得恰到好处，对演讲的说服力有很大的"加成"。

衣服解决了，接下来就是身体的姿势了，有很多人认为姿势很简单，只要在演讲当中摆出一些帅气、炫酷的动作就可以了。其实，这些看似简单的动作很难表现出来，就像一个人看别人跳街舞，觉得这很简单，很随意，而实际上并不好模仿。演讲姿势也一样，必须要经过长期刻意的练习，但不可擅自模仿某个名人或者专家的动作，因为这会让你显得矫揉造作。摆好姿势的原则就是，自然地表现出真实的自己，在做演讲的时候进行有针对性的修饰，抛弃拒绝和抑郁，给人以接纳和自信。

  演讲时也要学会控制时间，时间过长或过短都会使说服效果大打折扣。最好平时多做练习，摸清楚自己5分钟内究竟能说多少事情，再根据演讲的实际长度进行合理分配。演讲结束时，就需要对今天的演讲做出总结，结束语意义重大，是说服力的最后一次强化。结束语可以是对未来的展望，也可以是对演讲内容的简单总结，当然，演讲者也可以另辟蹊径，用激将法增强说服力。例如，演讲快结束的时候可以说"如果你们还是不懂，那也就没有懂的必要了（语气要和蔼）""哎呀，忘了留点东西，把机密一股脑都说出来了"等能引起听众深思的话语。

5. "潜意识"说服术

心理学家弗洛伊德开创精神分析法以后，"潜意识"这个名词才逐渐进入了人们的生活中。所谓"潜意识"，就是人类心理活动中不能认识或认识不到的部分。概念或许抽象，我们举一个例子说明，你骑着自行车和坐在车后座的女友聊天，这时候，你并没有刻意控制自己的双脚，因为你的注意力全部集中在了谈话内容上，但双脚还是在自动执行命令，这就是潜意识的作用。当然，这种因熟练而自动执行命令的现象只是潜意识的一种。

几乎每个人都听说过潜意识，也能举出一两个相关的例子，但却很少有人知道，潜意识其实可以作为我们说服别人的工具。有了这件"工具"，我们不需要有犀利的口才，也不需要有专业的知识，就可以轻松达到说服目的。这是因为，潜意识可以影响我们看待事物的观点。

心理学家曾经做过这样一个实验，他们给被测试者一张非常模糊的图片，让他们说出这张图片看起来像什么，被测试者们看了之后，有的说像帽子，有的说像云彩，有个小孩还说像雷锋。而实际上，这个图片只是随机喷洒了许多油墨，根本就没有任何图画。这是为什么呢？因为我们会按照自己的经验和习惯去描述事物，这就是潜意识的作用。心理学家还可以根据被测试者对这幅模糊图片的描述，分析出被测试者的性格特点、思维能力、协调能力、冲动性等特点。

潜意识不光会影响我们看待事物的角度，还能够自行推测事物的发展规律。在美国，曾经出现过一个很有趣的智力测试题，就是先让你看一系列的图形，如三角形、长方形、椭圆形等，之后，让你推测下一个出现的图形是什么。这时候，你的意识告诉你这些符号非常复杂，根本没有任何规律。据统计，有90%以上的答题者会认为不可能知道答案，但当他们试着做出大胆的预测时，发现成功率非常高，第一次预测正确的答题者就接近答题者总人数的76%，而随着做这种题的次数增加，答对的成功率会越来越高。这是你自己无法解释的现象，因为你的意识确实办不到这些，但你的潜意识可以，它在你不知道的情况下已经开始自主学习。就好像我们走路总能保持平衡一样，别人问你怎么保持平衡，你无法做出解释，但你却能轻松做到这一点。其实，这些潜意识的特性可以增强我们说服能力。下面，我们就来看看具体如何运用。

（1）**爱的潜意识**。什么时候心跳会加速？有的人会说恋爱的时候，也有的人会说遇到危险的时候。那么，如果你的心跳莫名其妙地加速，你能分清楚是什么原因吗？我们的确分不清，但潜意识可以帮我们区分，即便这并不一定正确。

一位心理学家曾经做过这样一个实验，他雇用了一位风姿绰约的女助手帮助他做问卷调查，并要求这名女助手将她自己的电话号码告诉每一位被调查者。第一阶段的调查地点是都市的大街小巷，女助手找了30名调查者。第二阶段在度假区的吊桥上，调查者数量不变。心理学家发现，第一阶段的调查几乎没有任何反馈电话，而第二阶段的调查却有近乎半数的调查者给女助手打电话，甚至要约她出来吃饭。为什么呢？原因就是在吊桥上面，站在吊桥上的人们心跳加速，而且伴有一定的恐惧和紧张，被测试者站在吊桥上和女助手交流，虽然意识没有什么变化，但潜意识里却把这种心理状态归结为喜欢上了对方，而这也是说服别人的最佳时机。

例如，你想要向心目中的女神表白，最好带着她去玩过山车、丛林探险等容易使心跳加速的游戏，最后，在浪漫而有情调的咖啡厅表白。当然，你也可以在恐惧害怕的时候一把抱住她，因为这时候潜意识会给你增加表白的成功率。

（2）心理暗示法。悲观者在丢失10万元钱后会茫然若失，觉得人生的一切都是灰暗的。而乐观者会认为，钱没了可以慢慢赚，幸好人还是健康的。其实，这是两种来自于潜意识的心理暗示。同理，说服别人的时候，一定要注意不同的内容和表达方式会给对方带来何种心理暗示。例如，两个一模一样的箱子，一个写着"危险爆炸物，请勿靠近"，而另一个画着骷髅头，写着"为了远离死亡请不要靠近"。很明显，后者的暗示更加具有说服力。

小S就善于运用这个技巧，她说服高云翔掂勺，就是暗示高云翔能大胆掂勺的才算男人，高云翔的潜意识也将两种事物联系在了一起，最后被小S说服。

（3）时限效应。这种方法非常常见，街头小店随处可见的"清仓大处理"就是利用了这个特性。因为在潜意识里，一个物品越是供不应求，我们就认为它的价值越高，苹果公司创始人乔布斯将时限效应发挥到了极致，他曾经雇用了很多人来排队买iPhone，营造一种供不应求的效果。所以，在说服别人的时候，除了营造一种稀缺效果外，还不能把你的想法和建议一股脑说完，保留一部分建议会让你在别人眼里价值更高。小S在主持节目的时候就善于隐藏自己的观点，她从不无端赞扬某个人，而是在对方完成自己的要求之后才会说些赞许的话。

（4）象征意义。在与人初次见面的时候，怎样让对方觉得你有爱心，特别喜欢交朋友呢？你可以给对方看你和某个小动物的合影，比如狗、猫、小兔子等。某些食品厂家也深知这个道理，比如优乐美奶茶就曾经被赋予了爱情的象征。这源于周杰伦的广告，在广告里，周杰伦拿着奶茶和女主角谈情说爱，并直言"你是我的优乐美"。广告推出后，有相当一部分男女情侣都开始送优乐美来表达爱意，甚至男生送女生优乐美，就代表了对这个女生有意思。当然，象征意义不仅仅用在谈恋爱上，几乎可以应付任何一个说服别人的场景。

例如，你是人力资源部经理，你想招一个非常可爱的女生作为助手，你在招聘要求里写上美丽可爱，可能一个人都不会来，因为潜意识告诉应聘者你很可能不怀好意。如果你换种方式，在招聘广告里加入一个非常"卡哇伊"的动漫人物图片，虽然没有"可爱"的字眼，但应聘者的潜意识会让他们知道自己适不适合去你那里工作。

（5）数字产生的联想。十分之一和百分之一哪个大？相信100%的人会说十分之一大，因为我们都有一定的计算能力，一思考就能得出正确答案，但把该问题放在一个还没有学过分数的小孩身上呢？他们的回答会是百分之一大，因为在潜意识中，"百"听上去比"十"和"一"都要大。同理，我们在购买衣服的时候往往觉得399元比400元便宜很多，即便二者只相差一块钱。

这个方法对营销者说服顾客购买产品有很大的帮助。例如，你们公司的衣服打折，买1000立返十分之一。不过，这样的广告牌效果并不明显，可以改成"买1000立返百分之十"。

（6）认知配合情绪。认知和情绪哪个容易改变？答案是认知。例如，你生活的城市发生了轻微的地震，媒体一直报道说不会有危险，但人们紧张不安的情绪仍然存在，于是，将要发生大地震、损失惨重甚至城市即将被毁灭的谣言散布开来。这个现象曾经被心理学家专门拿来做研究，他们发现，地震虽然是轻微的，但人们的情绪却极度恐慌，这是潜意识决定的。人们很难改变情绪，于是就通过改变认知来配合这种情绪，让我们想当然地认为自己的恐惧和紧张是非常合理的。

　　这个原理用于说服别人也不难,只要分析出别人当时的情绪状态就好,如果对方心情抑郁,你说出的负面信息比较容易获得认可。

Part 06

主持艺术：
掌握了谈话最高境界的荧屏大咖

  主持人是公众人物，在很多情况下都需要维护自己的形象，尤其是在节目中，很多主持人都小心谨慎，生怕自己的言语举止出现错误，受到大家的嘲笑。其实，在信息时代，知识大爆炸，百家争鸣，在这种大环境下，人们对主持人开始重新定义，传统的节目主持艺术已经完全不能满足观众的需求。

  新时代的主持人，不光要具有专业的主持技巧、良好的控场能力和语言表达能力，还需要适时的沉默艺术和创新的主持风格。在这个多变的时代，一成不变的技艺会在短时间内被淘汰，"一招鲜，吃遍天"的时期早就成了历史。在主持人泛滥的今天，小S却像一颗明珠，在众多竞争者中脱颖而出。她与众不同的主持艺术给人们留下了深刻的印象，她"创新"的说话、做事风格也被观众喜爱、赞赏。

1. 带动节目气氛的三大主持秘诀

主持节目时，必须要把现场的气氛带动起来，气氛提上来后，才能吸引观众的注意力，带动他们的情绪。不论是和蔡康永一起主持《康熙来了》，还是独自主持《姐姐好饿》，小S都是一个非常善于带动节目气氛的人，她时而会逗得大家开怀大笑，时而会让观众心情沉重，时而又会让嘉宾忍俊不禁。小S之所以能做到这些，是因为她掌握了在节目中调动气氛的三大秘诀。

（1）回忆。这是带动气氛的常用做法，一般在娱乐节目的周年庆上或者在快要停播的时候，主持人会选择回忆的方式记录节目从开播到现在的点点滴滴。2016年1月13日，在《康熙来了》最后一期中，小S一改往日的风格，成了"淑女"，并向观众说了一连串不舍的话，紧接着，小S在大屏幕上放了一段MV剪辑，记录了《康熙来了》从2004年开播至今的精彩片段。那时候，小S只有25岁，主持功力还稍显青涩，但却勾起了大家无限的回忆。特别是播到蔡康永扮萌与小S模仿狗血剧的时候，蔡康永竟然惊讶道："我当初怎么演了那么多这样（扮萌）的情节，我当初应该很尴尬吧？"小S回答道："你当初演得很自然。"

这虽然是一句玩笑话，但可以看得出，小S和蔡康永的眼里此时已有些许泪花，因为他们看到了以前的自己，这时我们可以用一句话表达他们的心声："我也曾经年轻过！"台下的观众何尝不是如此？伴随《康熙来了》一起成长的人们，也同样会有光阴似箭、青春不再的感慨吧？站在旁边的陈汉典眼睛也湿润了，他表示"没有《康熙来了》，大家也不会认识我"。

作为一名优秀的主持人，就要像小S和蔡康永那样，平时大胆"恶搞"，但该认真的时候就要认真，毕竟，"康熙"的粉丝们最看重的还是感情。当然，依靠回忆带动气氛的方式不能常用，如果每天都想要观众掬一把泪，那就和现在某些歌手评选比谁惨没有什么两样了。

其实，这种用回忆来带动气氛的方法在现实生活中也经常用到。例如，一对恋人走到了分手的边缘，如果两人故地重游，就很可能会勾起以前如胶似漆的美好回忆，两人也就有了复合的希望。

（2）**肢体互动**。有的时候，肢体语言在主持中显得更为重要，小S在主持节目的时候从来都不是只用嘴，而是适时配合一些动作。只不过，这里的动作不仅仅是一个表情或一个手势这么简单，还包括各种需要运动的环节。在《姐姐好饿》节目中，小S就经常和嘉宾们进行各种肢体互动。例如，她在现场把床搬过来，和李治廷一起模仿瑜伽里的动作。还有一次，她和吴奇隆模仿《上海滩》和某首歌曲MV里的情节，至于和嘉宾跳跳舞、搭搭肩膀这样的事就更不在话下了。

小S的这种做法摆脱了单纯依靠语言交流的主持模式，使节目内容多元化，既摆脱了沉闷枯燥的互动交谈，也使观众耳目一新。很多演说家也运用过这种方法，一位心理学家在一个关于"紧张情绪由来"的演讲中，要求几个学员跳着和他说话，并不时地问问学员是不是感觉放松了许多。这种语言配合肢体动作的方式就使复杂的问题简单明了。

所以，在主持节目的时候，单纯地依靠语言略显单调，尤其是娱乐性很强的节目。适当地与嘉宾进行肢体上的接触，会活跃现场的气氛，也可以使嘉宾感受到友好和亲近，从而打开话匣子。

　　肢体互动并不局限于正式场合，很多公司在举行野外拓展训练的时候，都会穿插几个需要肢体互动的项目。例如，将所有人分成几个小队，每个小队成员相互挽着胳膊蹲下，比赛哪个小队先站起来。再如，将公司成员两人一组地分出来，每次使两名成员背靠背站立，而后在他们中间放一个气球，让他们在保证气球不爆破的情况下到达终点。这些活动往往需要两个人的密切配合，既起到了调节气氛的效果，也加深了团队成员之间的默契。

　　（3）**主题**。只看过几期《康熙来了》的观众一定以为每期节目都只是邀请一两个明星，然后挖掘他们的八卦，听听他们对于人生的心得……事实并非如此，《康熙来了》每隔一段时间都会出现带有"主题"的一期。

　　例如，有一期主题是曝光隐私，邀请很多明星说出自己做过的不光彩的事情；还有一期是邀请了好几对明星夫妻，让他们谈谈夫妻生活中的毛病和缺点；甚至有一期，小S请来了几名女嘉宾大谈妇科疾病。小S的想象力也非常丰富，无论面对什么样的主题都能从容应对。有一次，《康熙来了》请来了一位尼姑，而小S依然可以和对方"讲经论道"，主持娱乐节目的她在当时看上去竟像是佛学研究会的。

　　试想一下，《康熙来了》如果像传统的娱乐节目一样，每集只是中规中矩地采访某个明星，那就很难提起观众的兴趣了，毕竟现在的明星采访节目太多。而巧妙利用"主题"，就能增加了节目的新鲜感。离开《康熙来了》之后，小S在《姐姐好饿》中更是把主题元素发挥到极致，由原来的随机选择变成了清一色的烹饪主题，加入了类似"美食课堂"的元素，让每一位参加节目的嘉宾必须要在现场和小S做一道菜。在这样的互动之中，节目的气氛自然被大幅度提了上来。

在日常生活中，主题晚会通常情况下要比单纯的宴会更受欢迎，无论是公司还是学校，在联欢会中加入主题元素会更加有吸引力，再配合一些与主题相关的互动节目，会让参与者终生难忘。其实，商人也非常关注"主题"，他们在开设餐厅或者酒店的时候也喜欢加入一些这样的元素。例如，自助烧烤店为了吸引顾客，购置了几个简易恐龙模型放在大厅上，又对店面进行了简单的装修和喷绘，并将店名改成了远古时代烧烤店。自此，客流量增长了近三分之一，而建造这个主题所花的费用却不足3万元。

2. 主持人的口才训练术

小S的伶俐口才，不仅仅因为她的说话技巧和情商，主要还是得益于她的基本功。主持人在节目中要做到发音正确，吐字清晰，这就需要同时使用口、鼻、喉咙和胸腔，争取把每一个字的读音表达出来，而且说话声音要够大，语速要适当，停顿的时间也要尽量缩短。

为了让自己的语言不生硬，能够吸引住观众，主持人最好声情并茂，且完整地表述自己的观点和看法，并能生动地描述景色、物体、人或者各种综合的情境。还有一点，主持人应当学会模仿，就像现在很多相声小品演员都模仿小沈阳和郭德纲一样，着重于模仿声音、语速、表情、语气甚至动作等。在没找出适合自己的独特主持风格之前，模仿是迅速提高能力的方法。

不过，以上只是主持人口才训练的基本功。那么，如何全面而又有针对性地提高自己的口才呢？具体可以从以下几个方面着手。

（1）**快速读说**。这种方法比较简单，只要有耐心和毅力就可以，而且随时随地都可以练习。首先，找一篇文章，内容不限；然后以平时说话的速度朗读，每过一分钟，速度加快一点；最后达到自己的极限速度。需要注意的是，朗读过程中不要停顿，极限速度需要以发音准确、吐字清晰为前提。这种训练方法不仅可以锻炼人的发音，还能增强思维速度和反应能力。如果条件允许，也可以用手机录下训练的整个过程，然后反复听，找出发音上的不足和缺陷，随时进行改进。

（2）**博闻强识**。简单来说就是背诵，记住一篇文章后大声背诵出来。要诀就是"准"，背诵的文章篇幅不必过长，500~1000字都可以，但必须要准确，不能有任何发音或者文字的错误，还要在瞬间把握文章的内容，以正确的口气声情并茂地表达出来。这主要锻炼主持人的记忆和口才表达能力。博闻强识和快速读说可以结合起来训练，先记下文章，再以极限速度背诵出来。

（3）**声音练习**。这个方法不仅适用于主持人也适用于歌唱家，可以使声音有穿透力和亲和力，从而产生一种无形的吸引力。声音练习的过程稍微复杂些。

一是练气，练气分为吸气和呼气。吸气时腹部收缩，吸进去的气聚集于胸部，沉肩坠肘。停顿两秒后，开始呼气，呼气时速度不可过快，最好把牙齿合上，留一条小缝隙让气慢慢呼出。吸气与呼气的训练类似于武术中的呼吸吐纳发，只是有所简化。训练场所最好在空旷的地方，如公园、山上。

二是练声，练声的时候一定要循序渐进。训练之前，一定要先放松声带，然后试着发出轻微的声音，只要能轻轻振动声带即可，目的是让声带有个适应过程。如果一上来就大喊大叫，势必会损伤声带，导致训练前功尽弃。声带活动完成后，就是口腔了。口腔对于发声有很重要的作用，它相当于一个共鸣器，声音的圆润程度和洪亮与否都和口腔有着联系，所以，口腔的作用不可小觑。针对口腔的活动方法有两种，一是进行张口闭口练习，可以锻炼嚼肌和面皮，目的是使练习时这部分肌肉可以轻松自如运动。二是试着提起软腭，加大口腔后部空间，然后发出"嘎嘎"的声音。

人体除了口腔这个共鸣器，最重要的就是鼻腔了，很多人在发声时，只是运用了喉咙的力量，扯开嗓子大呼，丝毫没有利用上鼻腔和胸腔。这就很容易造成声音稀薄没有穿透力，音色和音质较差。所以鼻腔也是训练的重点，具体方法很简单，就是学习牛叫，训练的时间最好不要选择早晨刚起床的时候，因为那样很容易损坏声带，尤其是室内外温差较大时，千万不要大声喊叫，以免冷空气侵袭口腔，刺激声带。另外，平时说话的时候，要充分调动胸腔，口腔和鼻腔，只运用鼻腔，会使人觉得鼻音太重，影响说话效果。

三是吐字练习，吐字一定要清晰，方法是咬住字头，嘴唇用力，把发音的力量都用在字头上，然后利用字头带响字腹和字尾。

字头的发音要浑厚清晰，而字腹的发音一定要充实、饱满，口形不可有丝毫错误。可以这么说，吐字发出的声音一定是立体的、圆润的，而不是平面的、扁平的。至于字尾，通常来说，字尾主要是"归"音，对字尾的要求是念完整，不能有丝毫剩余，当然，字尾在念完时一定要收住，以免变成拖长音。

声音练习涉及的方面很多，每种部位的练习也需要同时进行。不过，这种练习的效果也最明显，可以让你的声音在短时间内吐字清晰圆润，声音也变得悦耳动听。在声音练习三个月之后可以自我检测，深吸一口气，看看能数多少数字，或者边跑边朗诵文章，看看能在避免喘息声的前提下坚持多长时间。

（4）**复述法**。简单地说，就是把别人说的话重复一遍，能重复的内容越多越好。复述话的目的是锻炼人的记忆力、语言的连贯性和思维反应力。

（5）**模仿法**。就是模仿别的播音员和主持人，信息来源可以是广播、视频、电影等，而且不光要模仿他们的声音，还要学习他们的神态、表情、语调，甚至是肢体动作。时间一长，你的口语能力就会得到全面提高，而且会增加知识储备量。当然，练习毕竟是练习，最好能在模仿的基础上有所创新，有所突破，争取超越被模仿对象，而不是简单地复制。还有一点，一定要选择适合的人模仿，最好模仿和自己的主持风格相近的人，避免模仿和自己差别太大的人，导致自己学得不伦不类。

（6）描述法。描述法可以算是复述法的升级版，就是把看到的景色、物体或者人物用描述性的话语完整准确地表达出来。这种方法既可以锻炼反应力和记忆力，也能增强一个人的语言组织能力。不仅仅是主持工作，各种演讲、辩论、会议都需要较强的语言组织能力，没有这种能力就无法快速表达心中所想，更不能顺利地完成这些工作。

（7）角色扮演法。就是要像演员那样去演戏，扮演书中或电视中出现的不同人物，只不过主持人注重的是语言方面的扮演，而不是动作方面的。这种训练可以增强主持人的适应性以及主持人对个性塑造和表情、动作的拿捏。

既然是扮演，这种训练方法就不同于背诵和朗读，不仅需要声音洪亮，吐字清晰，还要充满感情，把人物的性格惟妙惟肖地演绎出来，还要配合相对应的表情和动作。其实，这个训练的难度并不低，对主持人的想象力也有一定的要求，但如果坚持练习，对主持人技艺的提高也是非常巨大的。

（8）讲故事法。就是给别人讲故事，刚开始，可以讲些在杂志上或者网上看到的段子，要求就是吐字清晰，声音洪亮。就需要自己原创故事剧情或对已知的故事进行合理改编，以达到创新的效果。

3. 主持人从不放弃"沉默的技术"

即便是平时说话百无禁忌的小S，在特殊的情况下也会保持沉默。在日常生活中，我们更需要在适当的时候运用沉默艺术。久而久之，我们在主持或演讲的时候才能临危不乱，巧用沉默化解尴尬。

曾经有人说："我有个哥们最大的本事就是不说话，谁也不知道他葫芦里究竟卖的什么药，让人很害怕。"这句话看似是无心的调侃，但从另一方面说明，沉默的人具有相当强的威慑力，也带给大家一种冷静、稳重的感觉。在人际交往中，如果能将沉默用得恰到好处，不仅能传达给大家更富有内涵的信息，还能产生一定的社交力量。比起"有声"，这时候的"无声"更加有用。

第一，沉默能够表达理解。例如，你的朋友做生意失败，赔了很多钱，别人都用可怜或者鄙视的态度对待他，他的心情也因此更加糟糕。作为他的朋友，你如果只是喋喋不休地给他灌输"不要灰心、吃一堑长一智、明天会好起来"这样的话，非但不会缓解他的情绪，反而会让他再次想起"伤疤"，从而陷得更深。这时候，最正确的做法就是不说一句话，静静地陪着他坐一会儿，或是一起吃饭、游玩。这会使他感到无限的慰藉，因为你的沉默在潜意识里告诉他，无论他怎么失败，都会得到你的尊重和支持。这时候的沉默，意味着对别人心灵深处的理解。

第二，沉默能够表达谦虚。每个人都喜欢受到赞扬，但对待赞扬的表现却能反映一个人的修养和品质。受到别人的赞扬，回报以沉默和微笑，更能显示一个人的大度。

第三，沉默可以摆脱尴尬和窘境。在社会上生活的人们，难免会出现各种各样的摩擦。例如，在公交车上，你不小心踩到了别人，如果对方脾气不好，很容易遭到对方的怒斥。对于大多数人来说，最好的应对方法就是先道歉，然后尽可能地沉默，因为此时大家都处在一个容易烦躁的环境中，争吵很容易造成不良的后果。

另外，沉默还有利于增进感情，甚至能解决家庭矛盾。夫妻争吵，必须有一方懂得适时沉默，毕竟维持家庭关系依靠的不是道理，而是爱和态度。其实，沉默还经常用在恋爱之中。心理学家认为，很多时候，用肢体表达爱意要胜过语言。也就是说，和自己喜欢的女性出去玩的时候，一次沉默的牵手或者拥抱都能使对方感受到爱，而反复地用语言表达爱意却更容易被拒绝。

沉默的积极意义不言而喻，懂得沉默，能使人的社交水平更上一层楼。另外，沉默如果运用不当，时机把握不好，也会出现一系列的消极作用。

选择沉默的时候，一定要把握好对方的心态。当别人对你有敌意，言语中带有挑衅的意味时，沉默可以显得你不屑一顾，也能对对方产生威胁作用。例如，你开车停在路边，正要下车离开，突然一个醉汉跌跌撞撞地走到你的车前，对你说："我能在这撒泡尿吗？"这明显是挑衅，我相信有相当一部分人会选择怒斥甚至大打出手，也有一些胆小的人选择逃避，眼不见为净。实际上，两种方法都不可取。前者会激化矛盾，两败俱伤，而后者会让对方看破你的心理，很可能变本加厉地欺负你。

在这种情况下，最好的处理方式是什么也不说，既不发怒也不胆怯，而是沉默地盯着对方，让他不知道你下一步要做什么。这种沉默的潜台词就是告诉对方你并没有感到恐惧，很可能下一步就要爆发，这种威慑力通常会让挑衅者望而却步。

　　当然，如果对方是一位小心谨慎、略带拘谨，且不善于交谈的人，你一直保持沉默很可能会使对方感觉你不易亲近，从而使彼此疏远。这时候，你要尽量找共同话题打破这种沉默。

　　沉默的时间不应过短和过长，过长的沉默往往会使对方产生厌烦和不满，特别是在对方讲话的时候。例如，对方在向你饶有兴致地讲述一件事情，你沉默不语就很容易给对方制造强大的心理压力，使他怀疑你对他的话题是否感兴趣，甚至认为你对他不尊重。

　　这个时候，应该怎么做呢？不可以频繁打断别人的讲话，但也要适时插上一句，表示你对这话题的关注，如果你实在插不上嘴，可以用表情、眼神和动作来鼓励对方把话说完。所以说，沉默是交际的催化剂。面对别人的胆怯和拘谨，你可以用幽默的话语来调节气氛，而面对喋喋不休、喜欢说话的人，你就应该少说话，并时不时地表示赞许和认同。

Part 06
主持艺术：掌握了谈话最高境界的荧屏大咖

4. "创新"的主持风格

在20世纪90年代初，中国的主持人非常"金贵"，而娱乐节目的主持人更是凤毛麟角，因此，学会一定的主持技巧，在电视上发言显得无比光荣。但细心点的人会发现，那时候的主持艺术非常套路化，如何发音、要说些什么话、怎样与嘉宾互动等都有明确的规定，稍微越雷池半步，就会被当作另类而"驱逐"。可以这么说，那时候的主持类似于相声和中国画，必须要有名师指点，单打独斗根本成不了"大器"。

随着时代的发展，这种现象逐渐发生了变化，社会逐步多元化，百家争鸣，主持艺术也是灵活多变，老一套的"真经"显然已经无法应对新时代的娱乐节目。观众们的欣赏口味也是复杂多变。在这样的大环境下，唯有推陈出新，依靠创新的主持风格和艺术，才能在主持人大军之中脱颖而出。小S就是一位典型的"创新"主持人。

她没有洪亮且磁性的嗓音，也没有令人眼前一亮的容貌，更没有博览古今的知识储备，她能取得成功的一个决定性原因就是与众不同。熟悉小S的人都知道，她从不模仿任何主持人的话术，也从不学那些传统的主持技巧。她看似随性而为，实则吊足了观众的胃口，迎合了新时代人们的特殊需求。那么，什么样的主持风格是"创新"，我们又应该如何借鉴小S的主持艺术呢？具体可以参考以下几种主持风格。

（1）**既能为嘉宾制造尴尬，也能为其化解尴尬。**以前娱乐节目的主持人从来不刁难嘉宾，生怕使他们出丑而影响公众形象。所以，那些传统的主持人只是一板一眼地进行采访和提问。从个人爱好到演艺经历再到婚姻状况，枯燥无味不说，更令人们感觉到他们是在"作秀"，像极了无趣的说教片。而小S反其道而行，在节目中大肆调侃嘉宾，不停地为嘉宾制造难题。例如，她会问吴奇隆如果母亲和刘诗诗同时掉进水里先去救谁。再如，遇到冯小刚的时候会逼着这位大导演说出自己和林志玲谁漂亮；知道高云翔有洁癖之后，小S会当着对方的面挖鼻屎……

这些大胆的言语和行为都会使嘉宾陷入尴尬的局面，而观众也在此时把心提到了嗓子眼，迫切地想知道嘉宾是怎样化解这种尴尬的。当然，大多数的嘉宾还是会轻松应对，吴奇隆还能够反黑小S。但也有一部分嘉宾不知如何应对，这时候，小S就会停止追问，巧妙地转移话题或分散注意力，以此来化解嘉宾的紧张。

这样的方法也被很多司仪运用，在婚礼现场，司仪有的时候会故意刁难新郎和新娘，比如会问"老婆的生日的具体时间是什么""说10个需要送老婆礼物的节日""和新娘第一次约会的具体时间"等问题。这时候，台下的宾客肯定会受到吸引，如果新郎能从容应对，自然会受到大家的赞赏，也在无形之中加深了彼此之间的感情。如果新郎无法回答，司仪会很快转移话题，或者自圆其说，替新郎找好台阶，避免其陷入尴尬。

（2）现场寻找客串。在电影中，我们经常会看到熟悉的客串演员，该演员明明是一位巨星，受到万众瞩目，却在某一电影上只出现一下，大部分情况是来捧场或者和制片人有一定的交情。客串可以使观众耳目一新，也增加了对该影片的怀念程度。在《姐姐好饿》中，小S就经常在节目现场给明星们打电话。例如，在与高云翔互动的时候，小S会给高云翔的妻子董璇打电话，告知高云翔在节目现场为自己做菜。再如，在和黄渤的互动中，因为黄渤无意中说了小S比林志玲强，小S于是直接给林志玲打电话告诉她说："黄渤认为我的演技比你好。"在节目中，林志玲和董璇虽然没有出现，但却起到了锦上添花的效果，加深了人们的想象空间和对节目的关注度。

（3）自曝特殊嗜好。在《姐姐好饿》的一期节目中，小S竟然自曝喜欢被骂，并央求黄渤骂自己，甚至还要闻黄渤的脚。这让我们联想到了很多"SM"的情节，很多人认为这些主持方式低俗。但小S敢于表达自己内心真实需求的做法，却是一种真诚的体现，这是绝大多数主持人做不到的。

"创新"的主持风格当然不仅仅只有这些，这里只是举几个特殊的例子。不管怎样，传统的套路已经完全不适应新社会的变化和人们的需求，不断的进步和创新对于主持人来说才是最重要的。

Part 07
气质之美：
从来不会丧失自信心的电眼美女

  自信和真实的人是最有美好气质的人，而一个人的自信和真实最直接的表现就是语言。自信说话的好处有很多，总结来说，有以下几点：首先，自信说话可以展示说话者的自信心，或者说可以展示说话者健康积极的精神面貌；其次，自信说话更有力量，听者会觉得你说的话掷地有声，会对你产生信赖感，认为你是一个有执行力、可靠的人；最后，自信本身就是最好的口才，自信的人说话会更流畅、更直接、更丰富以及更有感染力。

  自信说话是人们拥有优雅气质不可或缺的必要条件，而说真话更能展示一个人诚实高尚的品格，人们厌恶虚假的话语，不愿意受到欺骗，没有人愿意在阿谀奉承中生活。说真话能让人与人之间坦诚相见，可以减少人与人之间的隔阂，消除人与人之间的误会，因此，说真话同样可以向人们展示出一种优雅的气质，这种气质能吸引别人更加亲近说话者。小S就是一个自信且真实优雅的主持人，她从来不会蓄养自己的挫败感，在综艺节目中，她总是保持着那份优雅的自信，变成人们认可的最真实的人。

1. 天才主持人的第一要义：自信

小S之所以如此有魅力，最大的原因在于她说话很自信。言语的自信，让小S时刻都能保持良好的状态，无论在生活中还是在工作中，人们总能听到小S大胆露骨的自信话语。这种直言不讳、自信满满的说话状态，让小S的事业如日中天，也为她积累了大量粉丝。小S在主持时总能保持一种良好的气质，展示一种良好的姿态，说出一些自信幽默的话语，所以，模仿和崇拜她的人源源不断，喜欢她的人也越来越多。

作为一个综艺节目主持人，言语自信是第一要义。小S言语中透露出的自信，一方面能让她掌握谈话的主动权；另一方面还能让别人从她的话语中感受到坚强和力量。就像那则为她量身打造的广告——"一年了，就是无懈可击，头屑0烦恼"，小S的自信是由内而发，并能够让别人从她所说的语言中明确感受到的。小S总是觉得自己年轻貌美，其实，这并不是一种盲目的自恋，因为她觉得自己付诸了行动，年轻貌美就应该是理所当然的事。小S十分注重皮肤的保养，对头发的呵护更是无微不至，因此，她说出"一年了，就是无懈可击，头屑0烦恼"的广告词时，表现出的不是"无屑可击"的头发和头皮，而是她自身无懈可击的自信。

自信的语言，让小S在工作时表现得十分犀利和抢眼，这也是她总能成为公众话题的原因。在由小S和蔡康永主持的综艺节目《康熙来了》中，不管来了哪位明星，只要有小S在，现场总会保持着热度

Part 07
气质之美：从来不会丧失自信心的电眼美女

和激情，而不会冷场。小S的自信话语总能制造出令人感兴趣的话题，甚至她简单的一句自信的话，都可能成为明天的新闻。

小S无懈可击的自信，总能使许多女士产生共鸣，从而纷纷效仿。例如，有人拿大S调侃小S，称小S不如大S漂亮，小S却并不在意，只是说："即使有这么多人说我姐比较漂亮，我也完全不当回事，我是很诚心地投入在自己是美女的这个世界里！"自信的女人才是最美的女人，小S从来不会在意别人的目光，她自信的话语展示出她独特的魅力和风格。在小S看来，人只有自信才能活得更精彩。无疑，小S是美的，这种美不单单体现在她的外表上，还体现在她遵从内心的话语上。

小S很热爱自己的工作，并自信能够胜任这个工作。曾经有媒体爆料，小S准备退出《康熙来了》，此消息一经曝出，立刻引起娱乐圈的轩然大波，各大媒体和广大粉丝观众纷纷开始关注，试图通过各种渠道获悉此消息的真实性。后来，小S向媒体回应道："《康熙来了》不会换人，我会坚持工作，反正《康熙来了》也很轻松，就在那儿坐着说话而已。"小S说话自信是粉丝们和各大媒体有耳共听、有目共睹的，正是说话时的这份自信，让她的事业变得越来越好。

自信说话缘于内在的修养以及拥有足够的实力，早在《康熙来了》之前，小S在一档综艺节目中就曾盯着镜头，严肃而自信地说道："总有一天，你们会发现我的好。"当时，小S的牙齿还未矫正，看起来不太整齐，但是她仍然咧嘴一笑，露出略有缺陷的牙齿，说出了这句自信的话。

作为金牌主持人，小S生活中大大小小的事，都可能成为人们热议的话题。从她减肥的困扰到她的私生活趣事，只要媒体能探查到的，几乎都被曝光过，甚至一些子虚乌有的媒体杜撰也能被人拿来津津乐道。但对于这些关于自己的话题，小S全不在意，她甚至还会把这些自嘲的话题拿到节目中反复调侃。这种不怕破坏形象、肆无忌惮的性格以及自信坚强、轻不言败的品格使得很多人对小S分外痴迷，对于别人的调侃，她总能微微一笑，自信以对，并自我解嘲道："我就是我，自信真实，人生有什么比打嗝放屁更重要？"语言的自信和态度的真诚，让小S变得无比亲切和平易近人，人们都被小S的这份天真所打动。随着《康熙来了》的火热来袭，小S身价倍增，她犀利的言辞和自信的话语受到越来越多人的喜爱，她也因此成为了台湾主持界的明星人物。

在著名的台湾金马奖颁奖典礼上，小S与曾宝仪表现出的慷慨大度和大方自信，令很多人都深感佩服。有媒体称，曾宝仪因为与小S不合，不愿上综艺节目《康熙来了》。对于这一明显针对自己的报道，小S并没有畏缩不前，而是选择坦然面对，并对媒体回应说，曾宝仪确实拒绝过他们的邀请。有人询问小S为何如此大度、不拘小节，她只是大方说道："不上节目没关系，我们两个开始喜欢对方比较重要。"小S的大度和自信为自己赢来了掌声，也为自己争取到了别人的尊重。

金马奖颁奖典礼结束后，小S向人们致感谢词，提到自己要感谢的人时，小S直言道："此次金马典礼，我最感谢的两个人就是曾宝仪和林志玲。"而当有人问及，她和林志玲同台颁奖谁比较美的问题，小S却以幽默的口吻，自信说道："当然是我比较美呀！"有媒体人士忍不住问："那哪里比林志玲美呢？"小S微笑道："Anywhere！（哪儿都美）"

自信说话，能让人们感受到语言的力量以及说话者饱满的精神状态，而且自信说话的人，往往做事比较可靠。因为自信的人总是言出必行，他们说出了承诺，就会用最大的努力来兑现承诺，并以此来维护自身的尊严。

2. 自信是快速提升口才的魔幻法宝

　　自信的人敢于与人交流，因此会获得更多说话的机会。话说得多了，语感就会更强，组织语言的水平、措辞的准确度以及说话的节奏等都会渐渐得到改善和提高。而小S就是一个自信的人，因此，她说出的也是自信的话。

　　在校园里，有时班级会组织辩论赛，在挑选辩手时，同学们总喜欢挑选那些平时勇于发言、活泼自信的同学来担当本组的辩手。这是因为，自信的同学看起来更可靠，他们说话总是绘声绘色，既富有感情，又富有逻辑性，因此让人觉得由他们担当辩手，比赛成功的概率会更大。在校园里是这样，同样，在职业生活中也是这样。自信的人往往是口才较好的人，他们会受到同事的尊重和喜爱，更会得到领导的器重和依赖。一些重要的事情，领导们更愿意托付给自信的职员，因为在领导看来，自信的人看起来更可靠，他们的行动能够像他们说的话那样干练、自信，且拥有极强的执行力。

　　通过学习和职场生活中的例子，我们可以看出，一个人有了自信，他的口才能力才能快速提升，自信是快速提升口才的魔法宝典。没有人天生就会说话，而要把话说好，自信是前提。小S在主持综艺节目《康熙来了》时，能够说出犀利且能令人捧腹的话语，就是因为她拥有足够的自信。无论面对哪一位大牌明星，小S都敢说，她不怕犯错，更不怕得罪人，只要她认为可以说，她就会表达出来，绝不会藏着掖着，让嘉宾和观众去猜。小S总是很主动，也许她说的话不一定对，但她不会担心说错话。在小S看来，说错话可以及时纠正过来，错了就是错了，但错了就会离真相更近一步，用错误的话去探求正确答案，往往比证明自己说的话是对的更加重要。在节目中，当小S说错话时，她会很直接地表达出来。说错话不可怕，可怕的是没有勇气和自信去承认自己的错误，从而害怕去说，变得不敢再说。小S始终坚持自己不可能十全十美，并相信观众也都这样认为，自信地表达出心中所想，错了便主动承认，这恰恰证明了自己的能力所在。

也许有人说，自信的人总爱高谈阔论，且非常自私和主观。其实，这是一种狭隘的看法。不表达，别人就无从知晓你的想法，更不会了解真相。真正自信的人是敢于说话并敢于承认错误的人，因为他们相信自己有能力把错误改正过来，而且能够比原来做得更好。自信的人说出别人眼中的"大话"，并能用实际行动证明自己的话，这是一种可以被人认同的表现，也是一种霸气的表现。小S的身上就有这种霸气，因此，小S才会受到各大媒体的关注以及众多粉丝的喜爱。

小S从来不会盯着别人的短处不放，她只是会在节目中恰到好处地调侃，且说过之后便烟消云散，继续下一个有趣的话题，这是一种自信说话的技巧。自信是沉稳的表现，在工作中更能表现一个人的能力和专业程度。小S身为一个娱乐节目主持人，总能抓住人们感兴趣的话题，对嘉宾循循善诱，并用自信的语言夸张地表述出来，既能逗乐嘉宾，又能取悦观众。

自信的人总能保持积极乐观的态度，而小S的乐观积极总能通过富有朝气的语言表达出来。小S的自信在于，她永远是主动交流的一方，她总是选择主动与外界联系，而不是被动接受。作为金牌娱乐节目主持人，建立起娱乐圈的社交人脉十分重要，而小S总能左右逢源，拥有众多的人脉，受到各领域明星的喜爱，这跟她能够恰到好处地说话表达关系密切。

Part 07
气质之美：从来不会丧失自信心的电眼美女

人越自信，说出的话越动听，越富有感情，也越能与人产生共鸣。自信者的话很真诚，使人不自觉地就会相信。真正的自信者愿意接受错误，且会诚心为人们服务。自信者不会刻意维护自身形象，对于别人的调侃，他们并不在意，有时，他们甚至还会自嘲，娱乐别人也快乐自己。小S就是这样自信的人，一次，蔡康永准备开拍新电影，小S将在电影中与林志玲合作，由于她和林志玲的身高差距较大，所以受到一些调侃，而小S却毫不在意，并向摄影师自我解嘲道："（你）要拍到我跟林志玲同框也是蛮厉害。"就是因为自信，小S总能在众人中表现出真性情，而她说出的话，既能让人捧腹，又能让人对她产生认同感。这其实就是自信能够快速提升口才的原因。

自信的人总是胸怀宽广，不会斤斤计较，他们在说话的时候喜欢直言不讳，而这些直接的话语并不会得罪别人，因为这些语言充满智慧，能让别人感受到满满的善意和真诚，即使有时富有调侃的意味，也会被熟悉他们的人所接受。因此，在与人沟通时，想要说话漂亮，让人认同，首先需要人们在说话时保持自信。自信是一种说话态度，可以使人说话更用心，更有力量，更能表达心中所感所想，不会遮遮掩掩、吞吞吐吐，而会更加连贯、通顺、富有节奏。从这一方面来说，自信同样是快速提升口才的魔幻法宝。

3. 好口才都是练出来的：小S是如何提升自信程度的

　　良好的修养和气质是依靠后天的培养而来，优秀的语言表达能力以及人的自信也是这样。以练习口才的方式培养自己的说话能力，通过一些特殊的方法，来提高自身的自信程度，这些都是自我提升的过程。我们应该拥有自我提升的意识，在生活中通过不断的学习和锻炼，增长自己的知识和自信程度，这样在说话的时候，我们才能掌控场面，把话说得滴水不漏、游刃有余。我们说话时要充满自信，这样才能将自己的想法表达清楚，别人在聆听时也才会理解我们的意思；相反，如果我们说话软弱无力，没有自信，就很可能表现出紧张等情绪，表达的意思也很不清楚，这样别人也听不明白。

　　小S拥有让人欣赏的口才能力，并非是她天生就拥有这种能力，更多地是受到后天培养的影响。大S和小S以SOS姐妹的形式出道时，她们是公认的美女组合。一开始，小S与姐姐大S以歌星的身份进入娱乐圈，她们不仅唱歌甜美，而且气质长相都颇受好评。但是，那时小S却有一个很大的缺陷，即牙齿不整齐。这个缺陷给小S带来了极大的困扰，也让她越来越不自信，因为她每次在电视上看到自己表演节目，总是会感觉自己很奇怪。这是因为小S在笑的时候，总是会露出一排不整齐的牙齿，特别是与姐姐同时微笑的时候，相互对比之下，她的牙齿问题暴露得更加明显。因为牙齿的问题，小S有很长一段时间处于低迷状态，不仅心情很糟糕，也越来越没自信。唱片公司的老板实在看不下去，为了使小S重新振作，决定带她到外科整形医院，通过整形彻底解决困扰小S的牙齿问题。但是，到了医院之后，医生给出的回复却让小S和她的妈妈震惊不已。本来，小S和妈妈认为这只是一个小手术，但医生却告诉她们，要想牙齿变得整齐，需要切除牙龈下的部分骨头。这一消息对小S来说如同晴天霹雳，然而，后来小S还是决定对牙齿进行矫正，因为她无法忍受别人将她与牙齿问题联系起来。从此以后，小S便戴上了牙套，成了一个乐观开朗的"牙套妹"。

起初，小S并不习惯戴牙套，认为戴牙套很不雅，但在亲人和朋友的鼓励下，她决定重新找回自信。每天早晨洗漱完毕，她都会站在镜子面前，冲着镜子里的自己微微一笑，看着戴着牙套的自己，她并未感到不适，反而觉得这才是真实的自己，进而也变得越来越乐观向上，充满自信。她常常冲着镜子里的自己大喊："你是最美的！"一方面鼓励了自己，让自己不断提高自信心；另一方面也使自己的胆子变得很大，敢于表达且更善于表达。渐渐地，小S不仅变得更加自信开朗，也更加会说话。小S觉得没有必要把自己困在笼子里，她的思想变得开放起来，对于戴牙套这件事情，她不仅不再觉得不雅观，还认为戴牙套很有特点、很时尚，甚至还十分期待上电视主持节目，这样一来，她就能在电视里向全国的观众展示她的牙套式迷人笑容。

自信的小S变得越来越大胆，也越来越幽默，她总是迫不及待地想告诉别人自己戴了牙套，仿佛戴牙套是一件十分值得骄傲的事情。每当别人与她交流时，她总是很主动地说道："你看，我戴了牙套耶！"

小S在刚戴上牙套时，医生为了尽量不影响她的整体形象，为她带上了白色扣子牙套，这种牙套在戴上之后，如果不仔细看，电视机前的观众们无法看出小S是否戴了牙套。而小S则希望别人能看到她最真实的一面，她要求医生为她戴上了一副铁牙套，最终她成名副其实的"铁齿铜牙"。

也许在别人眼里，戴牙套对于一个公众人物来说是一件难以启齿的事情。但是小S却不这样认为，她不仅不觉得这是一件有碍形象的事情，还认为这才是最真实、最自信的自己。

戴上铁牙套之后，小S每天都要做大量的护理和训练，这个过程很痛苦。为了清除牙齿上的污垢，她每吃一餐就会刷一次牙，刷完之后还要冲牙。但是在这个过程中，小S仍然要训练自己的说话能力，研究如何更加完美地表达。主持的工作本身就需要拥有幽默风趣的表达艺术，作为歌星出生的小S在刚开始主持时难免有些不习惯。因此，她总是试图抽出更多的时间来训练自己的说话，即使在戴上牙套的日子里，也不忘坚持每天训练。除了对着镜子大声说话，以提高自己的自信外，小S还会坚持看一些语言优美的书籍来提高自身的气质和学识，在阅读到好的文章时，她还会不自觉地朗读出来，并背诵一些华丽的语句以增加自己的语感。小S还喜欢录音摄像，她常常拿着手机拍摄自己生活的点滴，同时，就像对着电视镜头一样用语言记录着自己当时的心情，描述着录像的细节。她会反复研究如何使自己在镜头前更加好看，如何说话更加得体，表情更自然，什么样的动作更优雅等问题。另外，小S还经常躺着朗读，以调整自己的语调和气息，也会通过快速朗读，来保持自己的口齿伶俐、吐字清晰。

小小的牙套不仅未对小S的生活和事业造成任何不好的影响，反而改变了她的生活，成就了她的事业。小S的想法总是与众不同，她自信的话语也总能给别人带来惊喜，或者引起别人的震惊。为了向人们展示她的牙套生活，她还写了一本名为《小S牙套日记》的书，有趣的是，这本书卖得还很不错。正是这份乐观、自信以及一副"铁齿铜牙"，才使小S获得了广大观众的青睐。对于牙套事件，她曾经公开说道:"真的换成一口钢牙后,我满意多了,并不是故意在那边做作,自以为不在乎牙套,好像很自然洒脱,而是我真的觉得自己很时髦,一点都不觉得戴了牙套的我变丑了,不过也可能又是自我催眠搞的鬼吧!"

由此可见,一个人是否自信与他是否会说话有很大的关系。一般来说,一个人在提升自信心的同时,就会不自觉地敢于大声说话,在不断地实践训练中,他说的话也会越来越好,越来越容易被人接受。这就是自信心能提高语言艺术的道理。

4. 自信是最好的口才

小S说："我不是一个自信满满的人，不过我是一个不大会给自己找麻烦的人。女人要放开心胸，没事不要找自己麻烦，不然你一天到晚挑剔自己，会越来越没有自信。"小S不是一个自信满满的人，因为自信满了就过了，变成自满、自大、自负了。小S是一个自信的人，因为她很有自知之明，因为她心胸开阔，不仅不会给自己找麻烦，更不会给别人找麻烦。一味地对自己刻薄、挑剔，在交流时就会显得很不自信，说出的都是一些没有自信的话，别人听了，就成了丧气话。所以，自信才是最好的口才，哪怕你说的话是错的，你的说话方式有问题，或者你说的话会得罪人，但别人是能切身感受到你的自信。

虽然不少人知道，自信说话才能把话说得到位、圆满，但问题是一些人缺乏自信，因此让他们自信说话，就显得不是那么容易。没有自信的人，无论说话的内容怎样精彩华丽，别人都会从语气、神态中听出或者看出不自信，这样一来，你说的话就会让人产生怀疑，听者甚至会认为你说的话不切实际、华而不实。小S就曾说过："我觉得漂不漂亮对我来说真的不是那么重要。"从内容上来看，别人会认为小S确实很谦虚，对于容貌不是很在乎。但我们知道，小S平时都是非常自信的，根据她自信的性格特点来重新审视和解读这句话，我们会知道这句话正是小S自信的表现。

可见，自信是最好的口才不无道理。那么，对于不自信的人，

Part 07
气质之美：从来不会丧失自信心的电眼美女

如何提高自己的自信心，从而学会更好地与人交流呢？以下方法可以参考。

（1）打开内心，容纳世界

我们是世界的，世界也是我们的。生活中，我们并不孤单，因为世界上有许许多多和我们一样的人，我们都有喜怒哀乐，对待生活和学习也会有相同的理解和认识。所以，我们要敞开心扉，踏出与人交流的第一步，学会接纳这个世界，因为世界一直在包容着我们。在一次次友好的交流中找到自信，我们会变得更加开朗，话题也会越来越多。在这种良好的循环中，我们也会变得越来越会说话。

（2）记录伤心事，抛却烦恼心

有些伤心事，我们不能一味地逃避、害怕，因为越不敢面对，就越是忘不了，内心也就会在反复回想中纠结着、煎熬着。所以，遇到伤心事，我们首先要做的是直面它们、接纳它们，把它们一一记录下来，然后逐个解决、化解。小S就是一个敢于直面伤心事的人。面对自己的负面新闻，她总是勇于站出来把话说清楚，而不是一味地躲在角落里，等待时间来化解一切。小S不惧怕任何媒体，更不怕被别人误解，坚信"身正不怕影子斜"，并善于将自己的真实表达出来。语言的魅力不仅仅在于说得好，还在于说出真相。当我们能直面伤心事，说出内心的真实想法，并予以解决时，我们将重新找回自信，抛却烦恼之心。

（3）战胜恐惧，重拾自信

和朋友交流，我们很少有拘束感和畏惧感，但与陌生人交流时，言语就可能变得不那么自然，变得细声细语，变得有些胆怯。而自信的人由于何时何地都能保持自信，他们不会害怕说错话，更不会在意自己说的话会给听者留下不好的印象。恰恰是这种认识，让自信者很少说错话，很少说出让人反感的话。要想敢于在陌生人面前说话，敢于在众人之中说话，我们要把自己的策略、观点、意见等通过语言清楚而明确地表达出来。小S身为一个主持人、一个公众人物，对媒体会说话，对粉丝会说话，对陌生嘉宾也会说话。正是因为不畏惧在任何场合对任何人说话，她才能把话说得如此漂亮、令人佩服。

（4）与熟人交流，在鼓励中找到自信

与亲人、朋友多交流沟通，是提高我们说话水平的最佳捷径。没有谁比亲人、朋友更了解我们，我们在与他们交流时，也不会有过多的顾虑，更不会担心说错话。当小S戴上牙套，变得不自信、不爱说话的时候，是亲人、朋友、熟人的鼓励才使她重新振作，重新变得开朗和自信。小S在与亲人、朋友以及熟人的沟通中学会了感恩，也学会了更好地与人交流。

（5）学会思考和倾听

当人们厌恶一个人说话，或者认为一个人说话不符合逻辑时，就会用"说话不经过大脑"来形容他。从这一方面来看，说话需要具备一定的逻辑性，或者说，在说话前我们需要思考一番，才能把话说得漂亮且富有逻辑性。优美的文章是由优美的语言凝练而成，写文章时我们总是要先思考一番，才能把语句写通顺、写得更具逻辑性。同样的道理，我们在说话时，也需要进行简单的思考，这样说出的话才会像写出的文章那样富有逻辑性和感染力。

学会倾听是每一个优秀语言家都应该具备的素质，就像问答比赛一样，只有听清楚别人说话的内容以及想表达的意思，我们才能有针对性地说话。小S在别人说话时，不会轻易打断别人的话，一方面，打断别人是不礼貌的行为；另一方面，打断别人说话，很容易误解别人的意思。小S总是会一边倾听嘉宾的话，一边进行思考，然后说出高质量的幽默语言，既能获得嘉宾的好感，又能逗乐台下的观众，可谓一举两得。

气质之美：从来不会丧失自信心的电眼美女

　　自信是最好的口才，因为一个有自信的人，他本身就具有一种迷人的魅力，拥有非凡的气质，别人与他说话时，会被他自信的特质所感染。自信的人说出的话会变得更受人重视，也更受人欢迎，有时候人们甚至还会试图模仿自信者说的话，并以此来向别人展示自信。

5. 真诚能赢得别人的好感

在中国的传统思想观念中，说谎话、假话、违心话的人常常被称作"小人"，不与"小人"为伍是人们千百年来形成的共识。因此，一个人要想获得他人的尊重，首先需要说真话。

说真话，往往是诚实的表现，无论你说的话是对是错，只要这些话是发自内心的，就会给别人一种很真诚的感觉，别人从你的话中就能感知到你是一个诚实的人。人们常倾向于和诚实的人做朋友，因为在大多数人的眼里，常说真话、常做真事的人通常是善良美好的人。从这类人的言行举止中，人们会觉得他们很"真"，使人们更愿意与之亲近。

与小S熟悉的人，都会认为小S是一个大方、不拘小节、爱说真话的人。例如，在《康熙来了》的一期节目——"见证减肥达人的瘦身奇迹"中，几位嘉宾在探讨胖瘦问题时，小S看到微胖的嘉宾陈婉若，便一本正经地问道："所以宛若姐现在的状态是瘦的吗？"此话一出，嘉宾陈婉若一脸苦笑，这显然是一种不高兴的表现。陈婉若不好意思地解释说，她现在的状态比最瘦时的自己确实要胖，但比最胖时的自己却要瘦很多。听到这话，小S也连忙解释刚才所说的内容："因为你今天脸比较圆润一点。"陈婉若听到这句话又好气又好笑，周围的观众也被逗乐了。蔡康永听到这句率性的话，也连忙解围道："可能最近吃得比较好。"小S又解释道："可是女人到某一种年纪，脸圆润是好事。"听到这句话，陈婉若展颜一笑，说了一句"谢

Part 07
气质之美：从来不会丧失自信心的电眼美女

谢"。然而，蔡康永从这句话中却听出了别的意思，忍着笑说道："'女人到某一种年纪'，你到底要攻击她几次呀？"小S没想到这句话仍然打击到了别人，再次解释道："因为女人到某种年纪，你知道太凹的话会看起来没精神，所以你这样看起来蛮有精神。"嘉宾陈婉若最终赞同地连连点头，显然，她已经知道了小S原先的话中并没有恶意，只是性格使然。

小S说的真话虽然可能得罪人，但是她的真诚却让人们选择相信她。她的这些话环环相扣，虽然听起来让嘉宾感觉有些不舒服，但是最终却巧妙地解释了人们的所有困惑。这就是通过语言所表现出来的魅力，而她也赢得了现场观众的阵阵掌声。

一个人是否拥有优雅的气质，通常需要他们在说话时注意两点：一是说得体的话，二是说真话。而真话也许并不得体，但只要发自内心地把事情说清楚，即使你暂时不被理解，随着时间的推移，你的善意和真诚也会得到别人的尊重。相对于得体的话，说真话更重要。因为说真话往往会制造出一种坦诚的气氛，这时，很多隔阂和误会可以通过说真话来化解。

也许，小S的有些话初听之下显得不得体，但如果从她的主持身份出发，这些话就显得很符合娱乐节目主持人的身份。作为一名娱乐节目主持人，娱乐大众是必要的。小S说的真话，可能刚开始存在很大的歧义，让别人乍听起来感觉有失水准，但这却恰恰是一种语义悬念。这种语义悬念在娱乐节目中能起到很好的效果，它可以让嘉宾陷入不解，从而引发话题，也可以让观众捧腹，起到娱乐他人的作用。而在关键时刻，小S总能在最后加上"点睛"的真话，让悬念、尴尬都烟消云散，且能促进与嘉宾的感情、增加嘉宾的好感度等。

在《康熙来了》的这期减肥达人节目中，有一位减肥达人对小S说："我减肥很大程度上是受你的减肥语录影响，也就是那句'胖子穿什么都是白搭的，瘦子穿什么都是百搭的'。"这句话虽然很经典，很有文艺性，但却并非小S所说，小S听到别人说自己的好话，并没有急着承认，而是向蔡康永说出了实情，她解释说："就是在那个网络上面，有那个冒充我的语录，其实我没有说过这句话耶。"小S的坦诚立刻让人们感到很震惊，她的这种有话说话的气质彻底征服了现场观众。她接着说："就是网络上的'要么瘦，要么死'之类的《小S减肥语录》并不是我所说。"蔡康永笑着说道："那你平时跟我说的是什么？"小S接着暖心地道："就是胖也不需要死呀，还是可以好好活着呀。"小S说完这句话，再一次引来了观众的掌声。

　　由此可见，敢于说真话，说得体的话，说符合自己身份的话，更能得到他人的好感和认可，小S就是这样一个会说话的人。

Part 08

掌控场面：
做全台湾最泼辣犀利的控场专家

　　学会掌控说话场面是一门高深的语言艺术，当人们面对说话场面失控的情况时，总希望有一个人出来控制场面，使整个交流过程向着更加和谐的方向发展。而更多人希望的是，这个能以一己之力、凭借卓越口才控制全场的人就是自己。拥有这种说话能力的人受人尊重，惹人羡慕，办事能力很强，因此，他们取得成功的概率也很大。

　　大气磅礴的话语能带动全场节奏，使场中趋势尽在掌握之中；夸张犀利的言辞能活跃现场气氛，使交流的气氛持续升温。积累知识，锻炼口才，使自己变得口齿伶俐，这样就能应对各种说话场景，处理各种突发状况。持续演讲的秘诀在于套路说话，经典的套路可以多次利用，使一个个相似的说话场景按照既定的轨迹运行。说话具有吸引力，才能让别人心甘情愿地跟着你的节奏，随你控制和驱使。

　　一些人认为，控制场面就要毫无畏惧，有什么说什么。然而这未免会显得鲁莽，控制场面是需要语言技巧的，说空话，放大话并不能控制场面，找准时机说出耐人寻味的点睛之言，才是真正的控场高手。

1. "徐门秘籍"：演讲中都有哪些控场技巧

主持是一种另类的演讲，小S在主持节目时，更像是在做一场精彩的演讲。在演讲中，小S总能根据现场的氛围，控制整个节目的运行节奏，这不仅可以让前来参加节目的嘉宾聊得更开心，也能让台下的观众听得更愉快。根据小S的主持经历，可以总结出以下几点"徐氏场控秘籍"。

首先是目光的控制，在演讲时，需要通过定点强化目光来控制全场。人们常说："眼睛是心灵的窗户"，一般的演讲者在演讲时可能会认为，自己的语速以及说话内容都没有问题，那这次演讲应该算是比较成功。其实，自我感觉良好，对于别人来说并非良好。实际上，一些人的演讲内容、语速等没有问题，但他们在演讲过程中由目光表现出来的不坚定却为演讲落下了败笔。说话时，游离、躲闪的目光会表现出说话者的不自信，而不自信的语言，常常会让人对说话内容的真实性产生怀疑。当听众产生这种怀疑的心理时，演讲就算不得成功。小S在节目中，无论是台下的观众，还是台上的嘉宾，她都能通过眼神与他们交流，用自信的言语勾起一轮又一轮有趣的话题。

对于一般人来说，这很难做到。一般人在演讲时，如果听众的水平不高时，他们就会表现得更加优秀，一种"自我感觉良好的优越感"让他们能够更加自信地通过语言表达自己的观点，这样一来，听众也会被他们的自信话语所感染，那么，此时的演讲无疑是成功的。而遇到高水平的听众时，这类人就会由于心情紧张而表现出强烈的不自信，他们不敢与听众对视，游离的目光使他们在台上演讲的状态有些滑稽。台上所有的一切都看在听众的眼里，演讲者要是以这种状态进行演讲，必定达不到预期的效果。小S是一个能用眼神控制全场的人，她的自信是由内而外的，无论台上来的是哪位嘉宾，她都能应付自如。坚定的眼神，适时的微笑，以及轻松活泼的话语，总能引起观众的惊呼和掌声，而真正感到不好意思的却可能是那些大腕明星。

2010年10月18日那一期的《康熙来了》，做客嘉宾是刘德华。面对天王巨星刘德华，小S丝毫不怯场。刘德华已经不止一次参加过《康熙来了》，节目一开始，对以前被问及敏感话题还耿耿于怀的刘德华就笑着声明："别问那些问题。"小S就转过头来，对蔡康永解释说："上一次他跟大S来宣传那个《未来警察》的时候——"顿了顿，又扭过头来看着刘德华道："那一集我有点害怕耶。"刘德华问道："为什么？"小S说："因为就是要问你一些问题的时候，我感觉得出来，你的眼睛有射出火光，就是我再问你就要发火啦。"刘德华点着头说："这一次也一样。"小S盯着刘德华的眼睛故意反问道："也一样吗？"刘德华点着头略显严肃地道："对，那你小心点。"看到刘德华郑重的表情，小S丝毫不以为意，调笑着说："好啦，我腋下又湿了。"这句玩笑一说完，全场爆笑，刘德华也忍不住摆手笑了起来。利用自信的眼神和犀利的语言来控制大场面，这就是小S的场控技巧之一。

除了利用自信的目光和犀利的话语来控制场面外，还可以利用夸张的比喻来控制场面。小S在与刘德华谈论初恋问题时，正是这样做的。在讨论到初恋分手话题时，刘德华表示除了第一次，他基本上都是自然分手。小S理解地说："因为有些时候，你不想当伤人的那个人。"蔡康永继续追问："你有办法暗示对方说，这个关系已经走到结尾了，就可以不让它继续下去了吗？"刘德华略一思索答道："没试过，没试过这样做，也没想过。"小S提问道："所以说当别人大哭，然后抱着你，你就会心软不要跟她分开吗？"刘德华答道："一定的，男的都是这样，我认为。"小S笑着对蔡康永道："为什么我觉得他今天长得很像孙中山？"小S说出这样夸张的言辞，立刻便引起了观众的兴趣，这种以夸张言辞控制场面的技巧可见一斑。蔡康永解释说："他最近有种正气凛然的样子，不知道为什么。"小S再次语出惊人，她接着说："就有一种伟人的感觉。"这句话一出口，刘德华立刻爆笑得仰倒在沙发上。

小S这种能通过夸张言辞控制场面的技巧是一种高超的演讲技巧，通过这种技巧与人聊天或者开会，往往能成为场中的焦点。人们也会把更多的注意力集中在这类人身上，在公司里，对于一些重要的事，比如会见重要客户等，老板可能更愿意寻求这类人的帮助。

小S能够巧妙地通过以上种种方法来控制交流场面，正是她主持节目如此吸引人的原因。人们更愿意与场控高手做朋友，因为他们不仅能掌控大局，还能引发话题，给人更多的谈话空间，让谈话一直沉浸在愉快的氛围里，变得更加融洽友好。

说话能够控制场面的人，往往是很有能力的人。他们对待人际交往可谓如鱼得水，游刃有余。这样的人更容易办成事情，近而提高办事效率。他们通常都拥有较高的执行力和自信心，在任何环境下，都能把话说得漂亮并赢得听者的尊重。因此，学会场控技巧是一个演讲者必须要掌握的。

2. 如何在公众表达当中增强感染力

语言具有感染力的人不仅能把自己的意思表达得很清楚，更关键的是人们愿意听他说下去。然而，并不是每个人都能说出具有感染力的语言，要具备这样的语言，人们一方面要不断学习华美的文章、优美的诗句、恰当的修辞手法等；另一方面也要多听一听像小S这样具有高超语言技巧的人所说的话，在耳濡目染之下，自己的说话能力自然会提高。

一般来说，要增强自身语言的感染力需要掌握以下技巧。

（1）用自己熟悉的话语

只有充分理解了词语的意思，真正掌握了词语的用法，我们说话时才最容易把词语用好，而把词语用好是说话具有感染力的前提条件。如果我们用了一知半解的词语，很可能因为不了解词语的内涵而遭到误解，更容易因为乱用词语而遭到别人的反感。用最熟悉的语言调侃嘉宾，是小S经常会做的事。

（2）既要实词，又要虚词

小S在和嘉宾互动时，总是会虚实结合，在用到实词的同时，也会用到诸如"嘛""呢""啦"等虚词。在日常交流中，我们需要的是实实在在的交流，所以人们需要的是能听懂的话，这就要求我们在说话时多多利用实词。实词能让人产生具体的联想，这样一来，听者就更容易理解说话者的意思，不会造成误解。另外，语言中也需要加入适当的虚词，虚词的作用是赋予语言情感，增强语气，让别人明白你说话的程度。说话虚实结合，才能让语言具有感染力，才能让语言的意思都能表达出来。

（3）长短句结合，正反义词句结合

长短句结合能够增加语言的变化，而变化的语言内容会更丰富，就像写作文一样，文章中既有长句又有短句，才能把事情说明白、讲具体。正反义词句，既包含同义词和反义词，也包括同义句和反义句。正反义词句可以使语言具有强烈的对称和反差，让语义更强烈，词义更具体。运用这类词语说出的话，通常都会更有感染色彩，在比较中，人们将更加明白对与错、是与非、正义与邪恶。例如，在黄渤和林志玲与小S同台的一期节目中，蔡康永夸赞黄渤说："你真的是纵横每一个领域，才华都非常强。"酷爱调侃林志玲的小S连忙接道："因为你那届金马奖算是笑点非常多的。"顿了顿，小S继续道："唯独好像，最冷场就是林志玲出场那段吧。"这种巧妙的正反话对比，使得现场的气氛顿时火热起来，甚至被调侃的林志玲都在一旁捂着嘴巴偷笑。

（4）多用修辞手法

多用修辞手法能使语言更加生动、具体、富有感情，也更能增强语言的艺术表达效果。利用修辞手法，不仅能将语义表达得更清楚明白，还能吸引听众的注意力，加深别人对你的印象，增加语言的抒情效果等。

（5）设置悬念

语言有悬念才会引人入胜，具有感染力。设置悬念能够引人遐想，丰富语言的内容，拓展听者的思维，给人以奇妙的感受。小S很善于在节目中运用设置悬念的说话技巧，来引发话题。

在《康熙来了》2013年3月的一期节目中，蔡康永开场便说道："《康熙来了》今天有三位大明星光临，欢迎黄渤、志玲还有高以

Part 08
掌控场面：做全台湾最泼辣犀利的控场专家

翔。"在观众报以欢迎的掌声之后，小S说道："你说三位大明星，只有两位吧。"顿时，观众们都被这句富有悬念的幽默之言给逗笑了。人们不禁纷纷开始猜测，小S所说的两位明星到底是谁？三位明星中，谁是被小S忽略的明星呢？蔡康永回答道："高以翔是新人。"小S接着道："高以翔，可是他最近发展得很好，有慢慢变成大明星。"虽然小S没有直接说清楚高以翔算不算明星，但是台下的观众都已经猜到了她的意思。蔡康永理解地说道："所以高以翔是大明星。"小S坚定地说道："他是，他在我心中是。"虽然已经排除一人，但是悬念仍然未被解开，小S利用她富有感染力的话语吊足了观众的胃口。接着蔡康永问道："那黄渤是大明星吗？"小S不假思索地道："没话说，他的作品非常棒。"这样一说，人们已经明确了那个在小S看来不是大明星的人是谁。但至此，新的悬念再次产生——小S为什么会认为林志玲不是大明星？这次，小S没有再次吊着观众的胃口，而是直截了当地说："林志玲，我只能说她是个大个儿。"这句话顿时又引起了一阵笑声。

总体来说，将语言说得富有感染力本身就是一种艺术创作，属于一种演讲的艺术。生活中，也许我们无法将普通的交谈变成真正的演讲，但我们却可以让说话更富有艺术效果，让人们更乐于与我们交流。而要说出富有艺术的语言，就必须通过增强语言的感染力来实现。熟悉的话语，通常都会附带个人的性格特点，比如某人爱说口头禅，通过这句口头禅，人们就很容易辨别出他来。利用虚词和实词可以使语言变化多端，通过不同的语气表现出丰富的感情。而且，由于实词的加入，又不至于让语言太空泛。长短句结合，正反义词句结合能够使语言更具对比性，也更能以物衬物，起到烘托、突出的作用。在语言中加入多种修辞手法，会使语言更加优美、生动、富有灵性。设置悬念是更高一层的渲染语言的艺术。利用这种艺术可以极大地吸

/ 135 /

引人的注意力,从而展现出语言的魅力和说话者的实力。

　　小S是一个优秀的综艺节目主持人,因为在主持节目的过程中,她能充分掌握渲染语言的技巧,使自己说出的话具有极强的感染力。通过语言的感染力,小S向人们展示了自我,突出了个性。这种感染力通过语言传递出去,变成了一种吸引力,在这种吸引力的作用下,越来越多的人爱上了小S,爱上了小S主持的节目。

Part 08
掌控场面：做全台湾最泼辣犀利的控场专家

3. 口齿伶俐的控场女王

　　小S之所以如此受媒体的追捧和人们的喜爱，主要是因为她拥有一副伶牙俐齿。在这个竞争日益激烈的时代，良好的交际能力是成功的重要砝码。口齿伶俐，工作就能事半功倍、提高效率；与人交往就能左右逢源、高朋满座；思考问题也能有理有据、逻辑清晰。

　　小S是主持界的女王，在任何时候，面临任何场面，她都能利用自己的伶牙俐齿破解僵局，控制全局，使整个说话氛围趋于轻松愉悦。即使是遇到文学界的犀利大师李敖，她也能Hold住全场，让整个聊天氛围变得和谐有趣。

　　2013年4月1日，有人在网络上谣传李敖先生已经去世，本来这只是愚人节的玩笑话，但随着网络的传播，这一消息愈演愈烈，许多人竟然真的相信李敖先生已经去世。为了澄清这一事件，李敖先生再次参加了小S主持的节目《康熙来了》。

　　节目一开始，蔡康永便介绍道："今天我们能邀请到一位大人物，是因为这位大人物要跟大家确认一件事情，就是他还活在这个世界上。请跟我一起欢迎李敖先生。"小S接道："欢迎——"见到李敖，蔡康永就忍不住向小S问道："这位大师除了要澄清去世事件之外，他应该是少数曾经说过要告你然后还来的人吧？"小S答道："是。"然后，转过身来对李敖说："我们俩和好了吗？"李敖惊讶道："你忘记啦？我们还拥抱过哎。"这一诙谐的对话，立刻引起了阵阵笑声，接着蔡康永又问小S："他今天来，你有心里忐忑不安

/ 137 /

吗？"小S说道："就是制作人跟我讲，说李敖大师说要来上节目。我说：'什么？他又要来？不是来过了吗？'"一连三个问句，在小S高频的语速下，接连蹦出，再次引起观众的掌声。"然后，制作人说他要来澄清他没死。我说'他没死？害我空欢喜一场'。"小S接着开玩笑。玩笑开完之后，小S连忙拉着李敖的手臂道："没有啦，很开心啦，真的。"见识到小S的伶牙俐齿，李敖禁不住笑道："我知道小S恨我，没想到恨到这个样子。"场中的气氛立刻被小S的玩笑带动起来，一度达到最高潮。

小S可以在以文字犀利著称的李敖面前大开玩笑，并通过自己的伶牙俐齿逗乐观众，这种能控制大场面的语言艺术，是每一个想成为演说家的人都应该学习的。那么，如何让自己变得伶牙俐齿？口齿伶俐的人需要克服哪些障碍，具备哪些素质呢？

（1）克服害羞心理

内向的人不愿与人交流，或很少与人交流，一定要与人交流时，往往表现得不好意思，甚至因为紧张而变得笨嘴拙舌。而要想变得口齿伶俐就要努力克服这种心理障碍，内向的人可以找到自己的熟人、朋友，与他们聊有趣的话题，尽量多地训练自己说话。其实，小S的伶牙俐齿也是通过不断的锻炼才得来的。培养好口才的前提是敢说、多说，一味地沉浸在自己的世界里是不可能提高自己的口才的，当然，也不可能主持节目，更无法以语言的艺术控制全场。

（2）努力汲取知识

有些人会这样认为——我读的书少，所以我不会说话。这种情况确实有可能发生，因为知识是思想的源泉，没有积累较多的知识，首先词汇量有限，无法说出华美的词句，更不会在说话中起承转合；其次，知识面很窄，就拓展不了更多的话题，没有一个好的话题，交流很难维持下去。所以，口语不好的人，需要多读书，读好书，积累知识，获取说话的灵感。

（3）自我暗示

有时候，自我鼓励是一种良好的培养自己说话的方法。我们可以在说话之前把想说的内容思考好，将说话的逻辑组织好，之后在心中默默暗示自己，再鼓起勇气将心中编织的语言表达出来。这种做法的好处是，语言在心中组织好后，说话时就有内容可说，逻辑也不会乱，别人在听你说话时，就会清楚地知道你想表达的意思。

（4）增强体质

平时不爱说话的人，在经过运动之后，可能就会变得喋喋不休。也就是说，有些人在运动前后是两种状态，一种是不能说的状态，另一种是能说会道的状态。这又是为什么呢？其实，这跟大脑的兴奋程度有关。体质锻炼能够强健神经系统，当一个人精神饱满、气血旺盛的时候，他说话时就会变得思维敏捷，想得多，说得自然也会多。因此，通过运动锻炼，增强体质，不仅能让我们保持健康的身体，还能让我们变得伶牙俐齿。

要成为一个拥有伶牙俐齿好口才的人其实并不是很难，毕竟语言不是先天就有的，而是我们后天学来的，以这个逻辑来看，好口才也是可以被学习和复制的。通过伶俐的话语来掌控交际的场面，会让你变得更加强大自信，没有什么可以打击到你，因为你总能巧妙利用话语去化解、去回击，整个场面都在你的掌握之中，一切都不必太过担心。

4. 好的口才艺术会让沟通按照自己的套路进行

一件事情做得多了，慢慢就会形成自有的规则，这种规则就是我们常说的套路，而说话也不例外。《康熙来了》开播十几年来，很多时候，小S都是通过说话套路来取胜。掌握好说话的套路，对于一个娱乐节目主持人来说至关重要。同样，针对交际的各种复杂情况，形成一定的说话套路也是有必要的。

《康熙来了》历时十几年，可谓期期有笑点，场场有观众，这其中有蔡康永的博学多才的支撑，当然也有小S套路满满的幽默之言的帮衬。由此可见，说话的套路，对于把控说话场面异常重要。

范冰冰和李晨携手做客《康熙来了》，小S面对具有强大气场的"范爷"，依然可以利用纯熟的套路制造话题和笑点。一些网友在节目开播前认为，小S的气度和情商是无法和范冰冰相比的；也有人认为范冰冰如果上了《康熙来了》，肯定会镇住小S。更令人们对这些观点确信的是，这次节目中，小S穿得相当正式，而范冰冰的穿戴却十分休闲，显得很是随意。这样一来，小S就在心理上输人一筹。值得一提的是，范冰冰和李晨还带了红酒作为礼物，来致敬《康熙来了》这个办了12年且即将结束录制的节目。总之，无论从哪一个方面来看，小S都是完败的。

但是，事实上，小S仍旧坚持做最真实的自己，她按照以往的说话方式，一如既往地调侃着。节目刚开始，小S就直言道："现在连我妈都觉得她很美。"比美的话题一直是小S说话的套路，这次也不例外。在以往的节目中，但凡有美丽的女明星到场，小S总是试图通过各种方式与其比美，她甚至视美女明星为"敌人"，并以此来制造话题，控制整个谈话的走向。在蔡康永的帮衬下，每每小S都能在比美的话题上大做文章，使台上的嘉宾笑声不断，使台下的观众掌声不断。

看到范冰冰的素颜照也很美时，蔡康永不停地夸赞范冰冰是美女，而小S却故意挑剔地说道："可是颜色又调啦。"蔡康永接道："可是还是大美女啊。"小S不依不饶："可是，如果真的有自信，就不需要调啦。"蔡康永忍不住道："你又不是在查案子。"于是，这一话题达到高潮，全场的人都爆笑不止。小S挑剔的几句话，就能环环相扣地引出关于容貌的讨论，并顺势而上，不断激发矛盾，制造笑点，使场中的局势总是按照她说话的套路不断前进。这种层层递进的说话技巧，正是大多数人所缺乏的。

范冰冰在接下来的聊天中提到了她来参加节目前的情况，范冰冰说："我来之前，还没有收拾行李，还不知道穿什么来跟小S比美。所以在家里找，找衣服……又找了1个小时，收拾行李。"小S适时地转过头来，对着蔡康永故意道："结果她最后没找到衣服。"笑声再一次响了起来。小S总能在来宾说出很多话的过程中，抓住其中的要害，随时讲出一句点睛的话语，使得整个场面继续火热地进行。这种随时做出点睛式的总结性话语，也是小S的说话秘诀之一。

节目中关于美的话题仍在继续，蔡康永说："她（范冰冰）说她自己是微胖界的女王，所以身材这件事……"范冰冰连忙接道："我绝对比不过小S，摆脱不了。"小S这时却并没有"落井下石"，反而诚恳地说道："可是今天我看你本人也没有到微胖啊。"范冰冰也诚实道："有……115、116斤的样子。"小S说："那是几公斤？"李晨和蔡康永同时道："不到60。"范冰冰回答："57、58左右吧。""你有多高?"小S继续问着人们最感兴趣的话题。范冰冰:"168,偏胖啦。"这时,小S却没有任何回应,似乎是故意这样做。蔡康永故意点破道:"你不要在那边偷笑,你到底……"小S不确定道:"我嘴角,上扬了?"接着又道:"我觉得她健康就好。"接下来,现场又爆发出了掌声。

说话的艺术在于,要说出别人最爱听的话,找到问题的核心,进而按照自己的套路出牌。无疑,在这段对话中,小S抓住了人们最感兴趣的一点,即范冰冰的体重和身高。她之所以不觉得范冰冰像她自己说的那样胖,主要是想引出接下来的话题,让人们在了解范冰冰的真实信息的同时,再表现出不同的态度,让整个场内继续跟着自己的节奏升温。比美的套路被小S屡试不爽,在以往的节目中,台湾女星林志玲即使不在现场,也会被小S拿出来做比较,这就是小S语言的套路。

总结来说,当一个人说的话多了,他的说话方式就会形成某种风格,或者说某种模式,这种模式就是语言的套路。学习语言的套路,并不是要求我们一味模仿别人说话的方式,而是学习这种说话方式的技巧。比如,比美的套路话题一直是小S的招牌,但对于别人来说就不一定适用。我们要学习的是:第一,说话要有层次,要学会由浅入深、环环相扣;第二,说话要抓住要害,学会总结和点睛;第三,说话可以适当沉默,做到"此时无声胜有声",懂得抓住人们最感兴趣的话题。

对于一个节目的主持人,套路是必需的,小S就充分证明了这一点。但在我们的日常交际中,套路是有,但需要谨慎使用,关键还是说出语言的方法。如果真正掌握了整个话场的节奏,套路可以任意发挥,但是,套路一旦失控,也会让说话者陷入十分尴尬的境地。

Part 08
掌控场面：做全台湾最泼辣犀利的控场专家

5. 控制说话场面，打造更具吸引力的语言

　　小S在主持任何节目时，总能吸引别人的目光，成为众人的焦点。这不仅是因为小S姣好的身材、优雅的气质，还在于她说出的话很有吸引力。在她语言的诱惑下，人们不知不觉便会将目光转移到她的身上。所谓小S语言的魅力，其实就是小S语言的吸引力，这种吸引力让别人愿意听她说，喜欢听她说。

　　语言有趣，说话自然会具有吸引力。一次，周杰伦来小S主持的节目做嘉宾。周杰伦对小S的主持风格早有了解，在采访之前，周杰伦便大言不惭地对小S说："放马过来！"听了周杰伦的话，小S立刻大笑起来，边笑边说："哈！哈哈！哈哈哈……我没有马！"人们听到小S这句惊世骇俗的言论，立刻震惊得张大了嘴巴。小S接着补充道："我要自己过来！"

　　《康熙来了》中，小S对蔡康永说："以前我表妹写卡片给我，祝表姊生日快乐！但是她却把'表'写成婊子的'婊'。"蔡康永忍不住笑道："她以为你是女的就加一个'女'字。"小S说："我想这样间接地骂表姊不好吧。不过我也曾经写卡片给奶奶，祝奶奶早日康复。"蔡康永不解地说："这很正常呀？"小S一脸无奈道："可是奶奶根本没生病呀。"

　　说话有趣才有吸引力，别人才会注意听你说，当人们的注意力都集中在你的身上时，你便掌控了全场。小S能掌控说话场面的秘诀之一就是说话具有吸引力，而如何使我们的话变得更具吸引力，需要掌

/ 143 /

握以下技巧。

（1）说话语气肯定

语气肯定，就会显得你说话字正腔圆。每个人都有自尊心，很多人在遇到反对和批评时，就会变得小心翼翼，不敢说话。而这样反而容易失去说话的主场地位，无法掌控说话的场面，变得很被动。相反，如果一个人很自信，不惧怕别人的反对和批评，说话时语气很肯定，就能增加别人对你说话的信服力。

（2）语调自然而富有变化

自然的语言具有亲和力，让人听着悦耳，不会感到别扭。因此，这样的语言更容易被人接受。除了说话要语调自然外，还需要根据情感的强弱来改变自己的语调，不能说话从头到尾一个"腔调"。语调自然而富有变化，就会使说出的话抑扬顿挫、铿锵有力，别人在听你说话时，就会感到你的语言中饱含感情，富含真心实意，这样更容易控制说话场面。

（3）找准机会说话

不是所有时候都需要说话，有时，找准机会说话，往往比从头至尾一刻不停地说话更适合。找准合适的机会说话，也许一句话就可控制整个场面。如果你在别人不断争吵时强加制止，并喋喋不休地从头说到尾，这样不仅不能控制场面，解决矛盾，反而会增添不快。话太多会有说教的意味，而话少，内容就少，不能直击要害，所以要寻找说话机会，这样你说出的话才能恰如其分，才会有点破迷局、画龙点睛的效果。而找到机会，说出点睛之言，往往能震撼全场，震撼了全场，场面自然会得到控制。因此，找准说话机会比滔滔不绝地说教更重要。

（4）说话意味深长

意味深长的话，总是能让人陷入沉思。一个人如果能说出这样的话，也总能获得别人的尊重和敬佩，这样控制说话场面就轻松了许多。那么如何说话意味深长呢？一般来说，知识渊博的人说出的话会更有水准，也更耐人寻味。这样看来，要想使自己能说出意味深长的话，就要多积累知识，而快速获取知识的途径是读书，多读一些好书，既可以培养我们说话时的语感，又能让我们说话头头是道、意味深长。

小S在多年的主持工作中，积累了丰富的控场经验，她可以在综艺节目中随心所欲地驾驭语言。泼辣犀利的言辞使她的主持独具魅力，随时随地控制话场节奏展现了她深厚的语言功底。也许，我们无法达到小S的语言水准，但通过对以上语言技巧的掌控，便可以使我们说出的话变得更有意思，这样我们在日常交流中，控制说话场面的能力也将得到极大的提高。

Part 09
心理攻略：
最能够快速慑服人心的麻辣女王

　　说话有时很像一场心理战，需要通过心理攻略，了解对方的真实想法，从而对症下药，使交流趋向更加美好的层次。小S是最能够快速慑服人心的麻辣女王，因为她在说话时，总是试图去获取别人内心的真实想法，并通过犀利而直抵人心的言辞，使别人快速信服。交流的过程不仅是通过语言获取信息的活动，更像是一种心灵的博弈，需要说话者洞察和获悉对方心里最真实的想法。通过猜测别人的心思，使自己的言辞、举止更加得体，更加符合别人的要求，这样的交流才能称为心灵的交流。

　　培养和提高心理素质可以提高一个人的口才水平。说话时保持一种积极的心态，这样说出的话才能充满自信，充满正能量，而要达到这种良好的心态需要积极的心理暗示。洞悉别人的内心，学会引导别人说话，可以使说话的内容朝着你更感兴趣、更熟悉、更能发表高水平见解的方向发展，这样你说出的话既能紧贴话题，又能相对专业，可以更容易令人信任。人们要学会利用心理攻势来获得话语主动权，从而让整个说话节奏由自己掌控。换位思考是一种良好的交流角度，通过这种身临其境的视角，便可以充分理解别人的世界，进而通过语言融入别人的世界，让人与人之间的交流变得畅通无阻。

1. 培养说话的心理素质

肯尼迪说："思维能力就像是一架装备精良的仪器，控制着你的语言逻辑。"通过这句话，我们可以看出，要想说出富有逻辑的语言，需要具备优秀的思维能力。每一个能做主持人的人，都不应该是愚笨的人，因为作为一个主持人，特别是娱乐节目主持人，都需要具备一定的思考能力、说话能力、控场能力以及应变能力等。富有逻辑的话语，更能显示出一个人的气质和魅力，也更能引导全场对话按照说话者的逻辑发展。小S就是这样一个能够把场面控制在自己逻辑思维之内的人。

古人云："独学而无友，则孤陋寡闻。"独自一个人学习，没有朋友交流，就会变得视野狭隘、知识有限，变得孤陋寡闻。经常与人交流，对于不同的人会带来不同的好处。例如，对于创业者来说，经常与人交流，会获得商业信息，进而抓住商业机会；对于业务员来说，经常与顾客交流，会获取客户的好感，进而增加业务；对于学生来说，经常与人交流，会开阔眼界、拓展思维，进而变得品学兼优。与人多交流可以带给我们诸多好处，但很多人在公众交际中却显得很放不开，就是因为过不去心理这一关。

拥有良好的心理素质，才能使交流的过程更加轻松随意，才能在不同的环境中表现口才，展示能力，创造机遇。凭借良好的心理素质与不同性格的人交流时，积极发表自己的见解，可以检验自己的能力，也能形成良好的人际关系，更能获取足够有用的信息。只有具备

Part 09
心理攻略：最能够快速慑服人心的麻辣女王

了良好的心理素质，才能在与人交流时，时刻保持对外界的敏感度，从而完善做事的方案，适时调整自己的理想和目标。

强调培养自我的心理素质，其实就是要求我们在说话时，时刻保持一种积极的心态。完美的口才离不开良好的心态。焦虑、愤怒、忧伤的心态只能让我们的语言变得死气沉沉或富有攻击性。而我们要培养的，就是一种积极的说话心理，口才艺术归根结底都是源于实践，源于人们对人、事、物的心态。离开了这些要素，就谈不上口才艺术，也谈不上能把话说好了。

小S在主持任何一期节目时，总能保持良好的心态，并且，她的这种积极的心态总能通过语言表现出来，让听众和嘉宾都耳目一新，进而活跃现场气氛。这其实就是一种由良好的心理素质所培养的说话技巧。

2015年2月10日，《康熙来了》新一期的嘉宾是郑恺和安钧璨。节目开始，郑恺显然是听过《康熙来了》的劲爆，所以有些紧张，他说："第一次来到《康熙来了》，以往都是在网络上看节目，这次真的来到这儿，刚才突然之间有一个恍惚，我以为我还在电脑屏幕中看你们两个人。"小S说："可是我本人应该跟电脑上面呈现的样子差不多吧？"郑恺答道："漂亮多了。"这句话让小S的心情大好，她连忙道："你以后可以常来，好不好？"然后指了指郑恺的位置，继续道："那个位置，永远保留给你。"小S这两句热情且幽默的话，立刻让郑恺放松了下来，这种能看穿别人心理，并能用语言巧妙化解嘉宾紧张情绪的说话技巧，获得了人们阵阵的掌声。

听到小S故意暖场，安钧璨也说道："这是我跟他认识那么久，第一次看他有点紧张。"小S追问："真的吗？""因为他演了很多票房过亿的电影，他出席什么活动都不紧张，但是刚刚开录前，我就看他一直在那边抖腿，这样子啊，然后喝水。"蔡康永于是就问郑

/ 149 /

恺：“郑恺，请问你到《康熙来了》现场，朋友们有警告你小S会对你怎么样吗？”郑恺如实答道："说好像会摸身体什么之类的。"听到郑恺的话，小S表现出很无语的样子，说道："我又不是那个什么验尸官。"良好的心态，让小S丝毫不介意任何形式的"不怀好意"，而是以幽默的话语来化解所有的尴尬，她继续道："我是看状况啦。如果练到很想要人摸的话……"为了节目效果，适当的玩笑是可以开的。而面对尴尬的场面，在窘迫的状态下仍然能开出玩笑，并能巧妙化解自己的尴尬处境，这种语言技巧是小S最大的亮点。

在我们日常的交流中，一些人陷入尴尬境地时就会语顿，或者不知道再如何将谈话继续下去，这就是一种心理素质不好的表现。面对这种情况，我们应该学习小S的洒脱，利用适当的玩笑来冲淡尴尬，这样不仅能使自己的尴尬得到缓解，还能使谈话者心情愉悦，让整个谈话内容向着轻松愉悦的氛围发展。

真正的语言艺术总需要良好的心理素质才能实现，有些人在演讲时，总会把不好的心态带到整个演讲过程中，比如"我说错了，听众会不会笑我呀？""声音太大，会不会显得声音不好听？""别人会不会嫌我说话太浮夸？"等。这些消极的心态，通常都是多余的，因为类似的担忧不仅不会对说话或演讲起到任何促进作用，反而可能因为担心太多而让自己陷入紧张、尴尬的境地，最终说出的话断断续续、含糊不清，别人听起来也很别扭。这样一来，无论是平常的交际，还是正式的演讲，都可能会被这种消极的心态所影响，从而使说话者变得少言寡语，在人前越来越不敢发言，也越来越无法发泄心中的情绪，最终变得很难与人相处。

2. 心理暗示，始终让自己保持积极的心态

现代社会，能说会道是一种能力，也是一种筹码。古有诸葛亮舌战群儒，今有小S调侃众星。一个是为了建功立业，另一个是为了赚钱养家。作为一个谋士，诸葛亮首先应该是一个演说家；作为一个主持人，小S首先应该是一个心理学家。说话的艺术在于，以积极的心态说出一个心理学家、一个演说家要说的话。说话不自信没有关系，因为说话的艺术总是不断变化的，一般来说，人们不可能时刻保持自信，更不可能时刻保持自信的表达，而那些自信的话语，总是需要通过心理暗示才能说出来。

所谓心理暗示，是指"人接受外界或他人的愿望、观念、情绪、判断或态度影响的心理特点"。这种自我暗示的思维可以创造说话的奇迹。通常来说，心理暗示可以分成两种，一种是自我暗示，另一种是他人暗示。

自我暗示的动力包括情绪和意志。情绪可以理解为心态，积极的心态产生积极的情绪，消极的心态产生消极的情绪。与人交流时，情绪稳定、健康、积极，就会使说话者的大脑时刻处于兴奋状态，管控语言的大脑神经元一旦处于兴奋状态，就会变得更加聪明和活跃，这些神经元可以快速工作，不断搭配、联想、调取、组合词汇，使说话者说出的话更加具体、生动、富有才气。利用心理暗示，让自己处于快乐、兴奋、积极的情绪，我们的语言天赋会在公众交际中更加完美地表达。人的意志强，说话做事就会更加坚定，即使面对失败、困

难、挫折，依然可以凭借意志来坦然面对。与人交流时，通过坚定的意志，不断自我暗示"我可以""我能行"，就可以克服紧张情绪，给别人留下完美的印象。

他人暗示，是指"个体与他人交往时产生的一种心理现象，是别人使自己的情绪和意志发生作用"。比如，两个从未合作过的主持人在一起主持节目，由于配合不默契，其中一个主持人忘记要说的话，或者提前说了后面的台词。在正常的节目中，另一个主持人不可能直接跟对方说"你说错话了"之类的话，而是会通过某些只言片语，或者通过一些手势等肢体动作来暗示说错话的主持人。在这种暗示下，说错话的主持人就会重新找回节奏，更加完美地主持节目。

一般来说，人们在交流中，或多或少地都会受到自我暗示或者他人暗示的影响，这些心理暗示除了能给我们带来积极、健康的心态外，还可能使我们变得焦虑、苦恼、犹豫不决。因此，我们要避免接受他人的消极暗示，而应努力做到自我积极的暗示。通过正面的、积极的心理暗示，我们可以保持一种积极乐观的心态，找出话题的重点，将沟通交流变得轻松愉悦。

小S是一个懂得自我暗示的人，在《康熙来了》中，每次见到漂亮的女嘉宾，小S就会暗示自己保持好形象，注重自己的言谈举止，将自己的气质和气场提到最高层次。例如，在主持《康熙来了》时，如果来的女嘉宾是林志玲，小S就会显得格外紧张，生怕被林志玲的气质和谈吐比下去。在主持节目时，她会经常自我暗示，最突出的表现就是她会时常整理衣服，或是故意做一些优雅的动作。

小S不仅会自我暗示，还能通过他人的暗示，来调整自己的说话节奏。在主持《康熙来了》时，小S总能通过蔡康永的一个眼神、一句话来获取他想表达的信息，及时接话、搭话以及转移话题。由此可以看出，通过自我暗示以及接受他人暗示的方式，能够让自己的语言更加自信且富有节奏。对于公众主持来说，这种语言的技巧更应该受到主持者的重视。如果你是一个从事主持职业的人，需要通过以下几种技巧来时刻暗示自己如何说话。

第一，失败时，在心中暗暗告诉自己失败的意义。失败可以使人的认识更深刻，激发人内在的潜力，爆发出与命运抗争的强大力量，提高效率和实力，从而快速取得成功。通过这种自我暗示，我们就能保持一种积极乐观的心态，说话就会更加有层次，且具有深刻的道理以及耐人寻味的哲理。

第二，通过他人的暗示，读懂别人的想法。接收并理解他人的暗示，与聆听和理解他人的语言一样，都是一种交流的技巧，这种暗示的交流是一种无声的语言。有时，一些话在公众场合是不能明确说出来的，一旦说出这些话就可能产生矛盾和嫌隙。但是语言艺术家却可以通过他人的暗示，或通过暗示他人来隐晦地进行信息交流。比如一个人因为有事，想尽快结束对话，他就会对场中熟悉的人使眼色，或者这样说："你不是还有事吗？"会说话的人往往能听出这句暗示的话语，从而尽快结束对话内容。

通过心理暗示，调整自己的情绪，让自己保持良好的心态与人交流，这样，我们说出的话才会面面俱到，既富有节奏，又充满艺术。

3. 心理引导是沟通的关键步骤

良好人际关系的建立需要良好的沟通，最实用的沟通就是用语言去打动对方，让对方成为你的拥护者。语言表达的是内心真实的想法，语言的交流其实是一种心灵的交流，说出该说的话，才是一次成功的交流。而一些人在与人沟通时，并不一定会说出内心真实的想法，他们可能会表现出敷衍和不敢深谈的态度，让人觉得他们说话很散漫，没有重点，总是遮遮掩掩，让别人既听不明白，又看不懂他们的内心。面对这样的人，语言艺术家也有办法，他们会在说话时，通过适当的心理引导，让这些不敢说出内心真实想法的人更加坦然而自信。

小S在与人沟通的过程中，非常善于引导别人说话。在冯小刚做客《康熙来了》时，小S调侃道："今天冯导有带夫人徐帆来，不知道夫人介意我对冯导表达敬意到什么程度呢？"这句幽默十足、富有调侃性的话语，其实是小S在引导徐帆表现出吃醋的心理，小S试图通过这种方式来检验徐帆是大度的，还是更爱自己的老公，这也是观众更喜欢看到的情节。这种心理引导可谓既大胆，又正中人的下怀。

在之后的节目中，小S为了与林志玲在冯小刚面前争宠，故意道："你觉得我跟林志玲谁美？你难道看不出林志玲的腿是用电脑修过的吗？"这种故意引导冯小刚做出评判的话，风趣幽默，使得人们在感叹小S语言魅力的同时，又十分佩服她的语言技巧。

在主持金马奖时，小S向观众介绍阮经天："他是非常优秀的演员，在《艋舺》里饰演男主角……他的女朋友是许玮宁，他的胸肌很大，臀部也很紧实。"然后，她向阮经天提问说："你觉得如果今晚你真拿了最佳男主角奖，赵又廷笑得出来吗？"这句话的效果，比第一句的玩笑更加轰动，台下的观众不禁都笑了起来。

这种心理引导式的对话，不仅可以刨根问底，迫使人们尽量回答内心真实的想法，还能起到调节说话气氛的作用，使说话的内容更加深入内心，还能打开人的心扉，让彼此坦诚相见。要学会这种说话方式，需要掌握镜面映现的语言技巧。

所谓镜面映现，就是通过模仿和对应别人的沟通模式来达到交流的目的。人与人之间的沟通通常有三个渠道，第一是语言和文字，这是我们最熟知的沟通方式，但它对沟通的影响只占到7%左右；第二是语气和语调，它们夹杂在语言之中，使语言文字的含义变幻莫测，不同语气和语调在表达同一句话时，会隐含不同的意思，对交流的影响占到38%；第三是肢体语言，肢体语言包括眼神、手势、表情、身姿等，而这些肢体语言总是伴随着话语表现出来，但往往比话语本身更受重视，对交流的影响也更大，高达55%。镜面映现的说话技巧，就是通过对这三种渠道的模仿，来与别人的说话状态保持一致，让交流的步调达到统一，使人们产生共鸣，从而更自然、更融洽地进行交流。

（1）模仿交流者的语调和语速

口才出众的人说话不急不缓，声调平和，呼吸匀称，换气发声富有节奏。然而，当他们遇到陌生人时，会尽量模仿对方的语调，保持与对方一样的语速。生活中，有人会这样抱怨道："我跟某某人说话不在一个频道上。"这就是说话语调和语速有差异的表现。有的人性子急，说话语速很快，语调很高，思维变换得也快；有的人性子慢，说话语速缓慢，音调很低，思维缓慢却很缜密。与这两种性格的人进行语言交流，需要保持不同的语调和语速。如果与急性子的人交流，你的语速很慢，语调很低，他们就会嫌你说话太慢，声音太小，对你不耐烦；如果与慢性子的人交流，你的语速很快，语调很高，他们就会嫌你说话太快，声音太嘈杂，听不清内容，同样也达不到好的交流效果。通过对这两者的比较，我们可以看出，与不同性格的人交流，保持一致的语速、语调十分重要，这将有助于别人接纳你的话语，更容易了解你想表达的意思。

（2）拷贝别人的肢体语言

与人交流的另一个技巧是尽量拷贝别人的肢体语言，包括模仿人们在说话时的肢体动作、呼吸方式、面部表情等。也许有些人会觉得这种模仿没有必要，且令人感到不自在、不习惯。但是如果你能充分掌握这种技巧，就可自然而然地模仿别人的站姿、坐姿、习惯手势、耸肩伸颈等动作，也可以在聊天时快速进入别人的节奏。当然，我们也不能因为模仿而模仿，要根据说话状态适当模仿，更不能刻意模仿别人的身体缺陷，因为这是一种极不礼貌的行为。

（3）跟随和引导

当你跟随别人说话的节奏，通过模仿别人的语言特点、行为习惯、表情动作进入别人的说话状态后，就可以慢慢向自己的节奏转变，这时你就能从一个跟随者变成一个引导者。

镜面映现就是一种心理引导，它可以帮助人们在语言沟通的过程中，更加迅速地取得别人的信任，更加快速地获得别人的好感。你愿意为他人付出，愿意迎合别人的心情和习惯，让别人说话时感到舒服、亲切，别人就会回报给你信任和真诚。这种心理上的引导是一种心灵规律，掌握好这种规律，你说出的话会让别人感到亲切和温暖，彼此的沟通也会更深入、和谐。

Part 09
心理攻略：最能够快速慑服人心的麻辣女王

4. 心理攻势，就是在对话中牢牢掌握主动权

我们在观看《康熙来了》《姐姐好饿》等小S主持的节目时，总能看到小S在各个明星大咖面前谈笑风生、侃侃而谈，始终保持着话语的主动权。这种语言技巧需要学会利用心理攻势才能掌握，我们可以通过以下几段对话，来感受一下小S是如何掌握话语主动权的。

在节目《康熙来了》中，小S曾跟蔡康永讲述了她小时候遇到暴露狂的一段经历。蔡康永听完，对小S惊讶道："你这种色魔会尖叫逃走？"小S没好气地道："不然我应该怎么样？说'来，我来帮你！'"蔡康永灵机一动说："如果是金城武呢？"小S故意吞了一大口口水，回答说："我会说'你有必要这样自己来吗？'"对于蔡康永的调侃，小S总能说出令人哑口无言的回答，牢牢掌握着话语的主动权。

一次，蔡依林来《康熙来了》做客，蔡康永对小S说："你的眼睛比蔡依林小哎？"小S挑挑眉毛，故意赞同道："是呀，我眼睛是比她小。""那怎么办？"蔡康永继续问道。小S不慌不忙地答道："但是我的胸比她大！"无论怎样刁钻的问题，小S都能对答如流，而且能找出自身的优势，让自己永远不处于被动的状态。一问一答，就像一场你来我往的心理战，就看谁最先无言以对，失去主动的气场。无疑，对于这种考验智商和说话技巧的问答，最终的胜者总是小S。

那么，在日常的交流中，我们要学习小S的哪些语言技巧，从而

/ 157 /

化被动为主动呢？

（1）说话要有铺垫

说话有铺垫，对话就不会显得突兀。多数情况下，与人聊天都是从一问一答开始的。而一问一答只能作为话题的引入，不能作为聊天的全部内容，否则聊天就会始终陷入一种紧张的状态，使彼此交流的人感到不舒服。为了缓和这种紧张的气氛，适当的语言铺垫是有必要的。说话有铺垫，语言就会亲切、自然，使人更为信任，从而可以顺利进入更加深入的交流阶段。

一般来说，说话进行铺垫的方式有两种。

第一种是夸赞别人提出的问题。如果别人向你问问题，你只是一本正经地回答，则会出现两种情况：你的回答符合别人的预期，结果是没有下文；二是你的回答不符合别人的预期，结果导致交流无法顺利进行。无论哪种情况，结果都会令交流双方陷入尴尬的境地。但如果你能在回答他人问题的同时，赞扬别人提出的问题很好，就会使整个聊天气氛得到缓和，你接下来回答问题的空间和时间会更加充足。对方也会因为你的夸赞而透露出更多的信息，为进一步的交流做好铺垫。

第二种是回答别人的问题前，说明自身的处境。这是一种以柔克刚的战术，即以示弱来掌握话语主动权。如果能在回答别人问题前，说明自身的处境，别人在潜意识里就会认为你在示弱，是在寻求好感。而"示弱"的表现，刚好能满足别人的优越感，在交流中，别人就会自然而然地对你有好感。强者的示弱是为了争取更高的尊重，获得更多的忠心，掌握更多的主动。当你在说话时将自己的姿态放低，就会降低别人对你答案的期许。如果你能给出一个较好的答案，那么，别人往往会对你的答案感到惊奇。这时，你就能掌握说话的主动权。

（2）说话要适当迎合

适当迎合别人的话，不是让我们去阿谀奉承别人，而是对别人的话适当予以肯定的回应，从而获得别人的好感和认同。这种回应不是违心的反应，而是站在别人的角度思考，并予以肯定。简而言之，迎合的话语是走心的，而不是违心的。

迎合的方式也有两种。

第一种是事实和观点相互依存。如果对方在聊天时阐述的是某种观点，说明的是某种看法，那么，我们就需要摆出支持这种观点的事实，以表达对说话者观点和看法的赞同。相反，如果对方聊天时阐述的是某种事实，说明的是某个事件，那么，我们就需要提出支撑这种事实的观点，以表达对说话者说出的事实和事件的认同。无论利用这两种策略中的哪一种，最终的目的都是取得对方的信任。

第二种是尽量补充细节。这种情况比较特殊，是在说话者同时说出事实和观点时，予以补充。通过表述细节，表达对说话者说的话感同身受，为说话者制造一种你和他立场相同的感受。

（3）制约别人说话的内容

"制约"就是在与别人交流时，通过自己的语言使交流场中形成某种规则制度，从而控制别人的说话内容，达到控制说话方向、取得主导地位的目的。通俗地说，就是为说话者划定说话的范围，让话题朝着你熟悉的方向发展。

制约别人说话的方式有三种。

第一，表述观点时，提前说出最差的情况。这种做法可以大大降低别人的预期，当别人接受了最差的情况，其他较好的情况也会慢慢接受，使说话氛围不至于失控。人们常说"丑话说在前头"，就是这种说话技巧最典型的应用。当你说出类似的话时，别人就会事先做好聆听的准备，且能保持较高的承受能力。一旦别人接受了最差的情况，接下来对你说话的预期就会降低，你只要简单地说出几句令人满意的话，别人都会感到不可思议。

第二，当说话者无从选择时，给他一个选择。这种情况其实和雪中送炭差不多，就是在别人无法回答，或很难表述事实时，给他提供一个合适的选择，让他把话表述清楚。当你给出一个合适的选择，别人就会像抓住救命稻草一样紧紧抓住它，而在利用你给出的选择表述完他自己的观点时，对方还会对你心存感激。当这种情况发生时，实际上你已经掌握了说话的主动权。

第三，表现出急于实现对方想法的样子。当你能够在交流中，表现出比对方还想实现他的想法时，对方就会认为你很关心和理解他。你强化了别人的期待，别人对你的要求就会降低。这样一来，交流双方的情绪会较缓和，交流将进入更加理性的阶段。

（4）控制说话主题和节奏，主导说话趋势和方向

如果你能控制说话主题和节奏，主导说话趋势和方向，那么在与任何人交谈时，你都能牢牢掌握说话的主动权。而要做到这些，需要时刻明确自己的目的，明确目的可以引导人的行为，当你拥有明确的目的时，语言和行为就能保持高度一致，战略战术也能迅速执行。

那么，我们要如何控制说话主题和节奏，主导说话趋势和方向呢？

第一，不能在一棵树上"吊死"，凡事都有多种解决方式。在与别人交流时，你可以从点到面，扩大说话范围，从多种角度来论述同一个问题。这样一来，别人就会认为你说话很有深度，不仅内容丰富，而且角度新颖。能够利用不同角度的观点来吸引对方，自然可以掌握说话的主动权。

第二，借助专家的力量，利用权威支撑自己的观点。在各行各业，人们总是对专家的言论十分信任。这种迷信和盲从已经根深蒂固，很难受到外界影响而改变。因此，利用专家的言论来支撑自己的观点，可以使说话内容更具权威，更能令人信服。

第三，升华说话主题，提出更高层次的观点。我们不能总是围绕一个肤浅的主题进行交流，而要努力将主题升华到更高的层次，提出更高层次的观点。这样一来，别人低水平的主题和观点就会显得相形见绌，比较之下，说话的主动权自然是由你掌握。

在与人交流时，我们不妨将对方想象成一种需要用到战略战术的语言较量。说话时，我们要目的明确，攻守结合，利用说话技巧，巧妙地突破别人的心理防线，掌握说话的主动权。当一切尽在你的掌握之中，友谊、信任、真诚也会接踵而来，这样你的希望和目的便可实现。

5. 换位思考才能慑服人心

说话要讲究心理攻略，这样说出的话才能极具针对性，才能更快地慑服人心。"心服口服"这个词很有意思，通俗解释是，一个人让另一个人从心里到口中都十分佩服。人们有时会这样说："你的话，令人心服口服。"这其实就是说话能慑服人心最直接的表现。

而小S在主持节目时说出的话，常常能够让场中的嘉宾和台下的观众心服口服。那么，她是如何做到的呢？其实，这仍然需要语言的技巧。

蔡康永问小S说："如果过气的话，你要当什么？"

小S答："作家。"

蔡康永激动地说："作家？！作家那么好当？！作家是给你们过气艺人当的吗？"

"没有……"听到大家的笑声后，小S忽然恍然大悟："哦，所以你没有过气，是不是？"

小S这句恭维的话，立刻让蔡康永心服口服。其实，能慑服人心的话，并不是随口就能说的，这样的话往往是需要大脑仔细揣摩、认真思考的。在这段对话中，小S之所以能攻破蔡康永的心理防线，令其心服口服，是因为她聪明地辨别出语言中的逻辑，并给出了既赞美他人又符合语言逻辑的答案。通过蔡康永激动的语言，小S猜测出蔡康永要表达的内心想法。在蔡康永看来，小S过气之后当作家的想法太随便，因为作为作家的蔡康永深知成为一名作家的不容易，而明星过气就去当作家的想法在蔡康永看来确实有些天真。通过换位思考，小S抓住了蔡康永心中的真实想法，这样她才会做出这样的回答。

小S的观点是过气艺人可以改行当作家，蔡康永的观点是过气艺人不能随随便便就当上作家，而蔡康永既是艺人又是作家，所以根据蔡康永的逻辑，只有没过气的艺人才能当作实，而蔡康永就是例证。

换位思考是一个拥有正常智商和情商的人应该具备的交流技巧，当我们与人沟通存在疑虑时，换位思考能够让我们与对方感同身受，进而可以快速帮助我们理解对方的意思。特别是与那些拥有不同习俗、不同习惯的少数民族朋友交流时，我们更应该学会换位思考，不能让不良情绪和不理解破坏彼此之间的友谊。

同一件事情对于不同的人意义不同。因此我们在与人交流时切勿自以为是，而要学会站在别人的角度思考，或者是换一个全新的角度进行思考。

我们每一个人都有自己的立场，所处的成长环境也总会存在不同，这就导致我们很难理解别人的感受和想法。如果我们在交流中无法理解别人的感受，就很容易与人产生矛盾。矛盾的激化会让人与人之间产生冲突，甚至丧失友谊，而换位思考就是解决这种问题最有效的方法。虽然我们在平时的交流中不会遇到威胁生命的话题，但是这种换位思考的交流方式却是很有必要的，因为换位思考的说话方式可以让人与人之间多一点宽容，多一点理解，多一点信任与关心。

换位思考是说话的思维方式，而这种说话方式有一定的技巧。

换位思考的技巧之一：掌握对方的真实需要。

想要说话动听，既要考虑自己说出的话是否合适，是否会伤及别人的自尊心，也要从别人说的话中发现他们的真实需要。这样，我们才能了解交流者的利益相关点，才能说出满足别人需要的话，并获得别人的认同和好感。掌握对方的真实需要，可以促进彼此的合作，同时，在相关利益的基础上进行对话，更利于彼此之间的友好交流。人的需要主要有以下几点：

第一，自我实现的需要。人都有虚荣心，都想得到别人的表扬和赞美，都想实现自己的人生价值。如果一个人能高谈阔论、侃侃而谈，发表自己的独特见解，他就会感到自我满足，这其实就是一种自我实现的需要，抓住人的这种需要，我们就应该在说话时尽量留机会让别人发表见解，不能一味地自己发言。

第二，社交的需要。集体交流时，我们要尽量使每一个人都参与到聊天话题中，照顾到每一个人的社交需要。

第三，尊重的需要。每一个人都有自尊心，与他人交流时，我们不能因为自己一时的口舌之快，就冷嘲热讽，伤了别人的自尊心。说话时要注意别人对尊重的需要，不能让别人没有面子，不能使别人感到尴尬和不舒服。

第四，生理和安全的需要。当别人说话说得口干舌燥时，如果客人是在你家，你需要询问他是否需要喝水；当你与朋友一起喝酒聊天，朋友喝多了酒，你可以适当提醒他厕所的方位，当你与陌生人一起聊天等车，你需要提醒对方站在黄线以外，注意安全等。如果在聊天中能将这些善意的提醒融入其中，就会让别人感受到你在关心他，这样即使别人不需要，他也会因为你的话而感动，从而对你更加信任，也更愿意与你聊天。

换位思考的技巧之二：通过选择式提问，了解对方的意图。

通过提问别人的方式来了解别人心中所想，是一种高效的沟通方式。而这种沟通方式却并不一定要通过反复的提问进行，而应通过提问和选择相结合的方式共同进行。比如，你可以这样询问："你要喝咖啡还是牛奶？"也可以这样提问："你还没吃饭吧？"另外，我们还要在倾听的同时，适当对他人的回答给予肯定的回应，这样别人会明白你在认真听他们说话，并会因为你的肯定而对你好感倍增。

换位思考的技巧之三：了解别人的气质和个性。

通过了解别人的气质和个性，可以明确与这些人交流时，哪些话能说，哪些话不能说；哪些人能开玩笑，哪些人不能开玩笑；哪些人思想比较保守，哪些人思想比较开放；哪些人说话尺度较大，哪些人说话尺度有限等。也就是说，要想做到换位思考，需要明确对方的说话风格，不能想说什么就说什么。

换位思考是慑服人心的有效法宝，更是学会说话的必备思考方式。通过对换位思考技巧的掌握，可以使我们说出的话直击别人的要害。换位思考能增强交流双方的亲密度，将与陌生人的交流上升到与朋友交流的层次，将与朋友的交流上升到与亲人交流的层次。这样的交流方式，能使人们之间的隔阂减少，增加人们之间的信任度，使交谈更加融洽和自由。

Part 10
话题选择：
擅长巧妙交流的"冷艳女主持"

话题是人与人交流的中心，有了话题，说话才能有所依托，而不会空泛和乏味。语言艺术家总是那些善于选择和制造话题的人，他们能够通过观察别人的反应，来规避无聊话题，选择令人感兴趣的话题进行让人身心愉悦的交流。好的话题可以让人暂时忘记生活的苦恼和困扰，使他们进入一种轻松愉悦的状态。

等待话题不如制造话题，善于制造话题的人通常思维更为开阔，语言更加丰富，口齿更加伶俐，与人交流更加得心应手。生活中，我们总是试图说服别人，让他们理解我们，支持我们的观点，而如果我们能够在交流中选择一个好的话题，就不必在说服别人时绞尽脑汁，费尽心思，因为选好话题，一言便可得人心。对于好的话题，我们要推波助澜，使话题更加丰富和深入；对于不好的话题，我们要学会察言观色，适可而止。人们在交流中，最喜欢提及的便是自己，我们不妨顺着别人的心意，鼓励对方多说自己的事，这样别人才能在愉快的交流中认可你、信任你。语言的魅力正在于说出人们最感兴趣的话题，让别人在未交流之前就期待交流。

1. 学会制造话题，而不是等待话题

人和人的交流通常都会有一个中心，而这个中心就是人们常说的话题。本来不熟悉的两个人，通过对一个话题的交流，就有可能成为亲密无间的朋友。日常生活中，有些人是公共交流中的"开心果""润滑剂"，他们活跃于人群之中，不断制造人们热议的话题，将语言的交流推向高潮。即使有些时候，人们的聊天情绪不高，场中的气氛冷淡，他们也能想方设法找出人们感兴趣的话题，迅速暖场。

对于制造话题，小S可谓得心应手、手到擒来。即使是面对马英九，她仍然能够自信以对，并可以制造很多有趣的话题来达到节目效果。马英九为了宣传"健康城市"而来到《康熙来了》做客，在谈及宣传主题曲时，马英九说："我是高二暑假开始学一点点吉他，然后大概弹到大学二年级。"听到马英九这样说，小S连忙惊呼道："天哪，马市长你长得又帅，又会弹吉他，这样不是会有一堆女生爱你吗？"马英九不好意思道："还好啦。"接着小S就"见缝插针"，要求马英九唱歌、弹吉他。于是，这一话题顿时勾起了人们的热情，全场的气氛立刻被调动了起来。小S可以从别人的话语中获取信息，并能通过主要信息制造人们感兴趣的话题，这种对语言话题的控制，使整个《康熙来了》笑点不断。

在谈及夫妻之间的事时，小S再一次提出了一个有趣的话题，她对马英九说："你们夫妻会互相玩搔痒的事吗？"这一话题一提出，就引起了一片笑声。接着小S追问道："就譬如说，太太在家里煮

Part 10
话题选择：擅长巧妙交流的"冷艳女主持"

菜，你就会说'老婆你辛苦了'，然后就给她搔痒，然后就呵呵哈哈就打来打去，最后就相互对望，然后就开始亲嘴。"话题好不好，关键要看观众的反应，现场的人都对这一话题兴趣十足，人们都想知道台湾领导人是否拥有这样的夫妻之乐。小S能在一个话题上再次产生话题，让话题具体化、私密化且令人感兴趣。这就是一种十分高超的聊天技巧，对任何话题都能掌控，并能制造话题和引申话题，是小S成为台湾主持界"金话筒"的主要原因。

最后，在小S的攻势下，马英九如实回答道："偶尔会有。"关于"搔痒"的话题，马英九为现场的观众讲了一个故事，这个故事就是历史上有名的汉朝张敞"为妻画眉之乐"。马英九学着张敞说："'闺房之乐，有胜于画眉者。'画眉毛算什么，我们在房间里做的……"蔡康永接道："比画眉毛多得多了。"马英九解释说，这是古人的一种幽默感。蔡康永就为马英九向观众翻译道："所以，马英九先生的意思就是说，他们在房间里做的事情比你搔痒可多得多。"小S立刻附和道："还有做什么？"马英九笑着对蔡康永道："你含蓄一点。"这样有趣的话题，不仅观众爱看，嘉宾也很享受于其中。这就是小S制造话题的"功夫"。

制造话题和等待话题的最大区别是，一个要求说话者主动出击，另一个要求说话者被动接受。多数情况下，具有良好口才的人总会主动交流，面对任何场合都敢于说话，他们通常都十分自信，而且兴趣爱好广泛，有说不完的话题。当交流现场气氛冷淡时，他们就是最热情、最能制造话题，也是最能活跃聊天气氛的人。他们总能像小S一样"见缝插针"，从别人说出的话中获取有用信息，并利用这些信息了解说话者的情况，从而制造出针对说话者的话题。在这个过程中，最重要的一点是，他们所制造的话题总是与交流对象关系紧密，也就是说，他们很少以自我为中心制造话题，因为一个人最感兴趣的永远是自己的事，而善于制造话题的人、善于交流的人正是了解了这一点。另外，语言艺术家即使面对别人的话题，也能通过引申别人的话题，加入聊天的队伍，让自己不被孤立在别人的话题之外。

然而，过多地制造话题也并非一定会受欢迎；面对健谈的人，等待话题，细心地做一个聆听者也不失为良策。语言的艺术在于审时度势，该说话时，话题不断，慷慨激昂，场中之人唯我号令；不该说话时，等待话题，适时给予说话者以肯定，微笑点头，认真聆听，亦是语言大家。

Part 10
话题选择：擅长巧妙交流的"冷艳女主持"

2. 选好话题，一言可以得人心

与人交流时，选好话题比没有目的地东拉西扯要强很多。这和人们阅读文章一样，一篇没有中心和主题的文章，读起来既空洞又乏味，使人觉得文章没有内涵，没有阅读的价值。同样，人与人的交流也是这样，如果谈话的内容没有一个较好的主题，人们就不愿意继续把时间浪费在无聊的聊天之中。其实，如果交谈中话题选得好，只需简单的一句或几句话便会获得人心，赢得别人的好感。

那么，如何选出好的话题，让大家进行一场愉快的交流呢？其实，这并不是什么难事，即使不怎么会说话，只要平时足够细心，注意观察生活的细节，善于获取别人聊天中的信息，就能找出人们感兴趣的话题。

小S和大多数人一样，并非天生就能说会道。以歌手身份进入娱乐圈的小S在一开始转型为主持人时，也是状况百出、错误不断。在节目中，冷场和尴尬也是会经历的。但是，小S却善于调整自己，她总是会保持一种乐观自信的态度，不断积累知识，积极迎接挑战。渐渐地，小S制造话题的能力越来越强，她提出的经典话题，总能逗乐嘉宾，娱乐大众，使整个节目保持在热议话题之上。

2014年11月24日，《康熙来了》邀请到周杰伦当时的未婚妻昆凌作为节目嘉宾。节目中，蔡康永对昆凌说："我跟你讲，周杰伦有拜托我说，如果有什么事情，你不想要回答的话，你就推给周杰伦说，他下次来自己会讲。"昆凌笑着点头道："嗯。"蔡康永接着说：

小S徐熙娣的说话之道

"如果你很愿意讲的话,你就回答这个妹妹,你爱怎么回答就怎么回答。"小S问昆凌:"所以你出门前周杰伦跟你说什么?"昆凌答道:"不要紧张。"小S一本正经道:"所以你是从他家出来喔?"昆凌立刻笑道:"没有。"这一巧妙的话题,立刻引起了人们对昆凌和周杰伦的遐想,现场掌声不断,笑声不断。小S通过问句"所以你出门前周杰伦跟你说了什么"来引出话题,无疑,这是一个现场观众十分感兴趣的话题,当小S问出这句后,所有的目光都聚焦在昆凌身上,观众们十分期待她接下来的回答。但小S很清楚,只要昆凌不反驳这句问话,无论她怎么回答,自己都达到了问话目的。这种说话的智慧和制造话题的巧妙,着实令在场的人深深佩服,就连节目屏幕上的字幕都指着小S显示出"真会问"的字样。这个话题的陷阱在于"出门前"三个字,对于"出门前"三个字,在昆凌未回答前,很多人都并未发现异样,但昆凌回答之后,人们就会感觉周杰伦很贴心,再由小S亲自点破"所以你是从他家出来喔",这句便巧妙地揭露了前因后果,让观众大呼过瘾。

这种对话题的掌控能力可谓巧妙绝伦,让人在了解表面问题的同时,还能挖掘更深一层的含义。小S能在一个话题中隐藏另一个话题,神不知鬼不觉地将嘉宾引入自己语言的陷阱,让嘉宾下意识地在不知不觉中便吐露了另一件事情的真相。话题中富有话题并不需要长篇大论,就像小S一样,她只需简简单单的一句提问,便赢得了所有观众的心。

也许我们无法像小S那样,制造出"话中话,题中题",但我们可以尝试说出不同的话题。说话并不是竞赛,它就像一款可以不断重复的游戏,你可以用常用的方式来说,也可以用搞怪的方式说。但无论怎么说,都需要一个好的话题才能进行。因此,话题是谈话的核心,说话方式是关键,聊天内容是重点。

Part 10
话题选择：擅长巧妙交流的"冷艳女主持"

在与陌生人交流时，自我介绍是必不可少的，但不必深究自己到底是谁，你可以尝试着说任何事情，因为是陌生人，说错话别人亦可以理解。你可以从这些话题入手，比如当时的天气、你的旅行经历、娱乐圈新闻、重大政治事件、时下最流行的电视剧、最火的网络红人、奥运会……聊天不缺少话题，缺少的是发现话题的眼睛。

也许有人说自己是一个腼腆的人，不善言辞，有话题却发挥不出。但自己不会说，可以模仿别人说，语言从最开始不正是通过模仿才有的吗？如果临场发挥不出，不妨试试先做好说话前的准备。一些专业的主持人，有时也需要把要说的内容事先写在卡片上，等待节目开始后再根据卡片内容提醒自己。说话前事先准备一些有趣的话题，说话时，即使一个不怎么会说话的人也可能滔滔不绝，因为他们对这些话题很熟悉、很感兴趣，一旦提及就能被戳中兴奋点，这样，话匣子自然会被打开。

3. 察言观色，适时而止

　　察言观色地说话，要求说话者在正常交流时，时刻观察对方的表现。这些表现包括很多方面，比如对方的服饰、举止、语言、神态、精神、习惯等，从这些表现中获取的信息，可以帮助说话者了解哪些话可以说，哪些话不能说。例如，一个人的朋友身穿西服，行色匆匆，这个人看到他后却说："嗨，好久不见，去吃饭唱歌怎样？"然后，这个人的朋友就可能一脸尴尬地说："不用了，还是改天吧。"但这个人仍旧不依不饶地要和朋友叙旧，拉着朋友的手不放，继续无聊的寒暄。其实，即使这个人说的话再漂亮，他的朋友也听不下去。这就是不懂察言观色的弊端，通过察言观色，判断别人的状态，在合适的时候说话，说适当的话，巧妙地结束谈话，这都是语言的魅力、交流的技巧。

　　小S的身材和麻辣主持风格，让她成为了"话题女王"。而"话题女王"有两种含义，一种是无论面对哪位嘉宾，小S总能找到有趣的话题与之交流；另一种是无论小S走到哪里，由于搞怪、麻辣的风格，总能制造新闻，使媒体捕获关于她的话题。总而言之，小S既是综艺节目中制造话题的女王，也是现实媒体界引人热议的焦点人物。有一次，小S出席了清扬洗发水公司在上海科技馆举办的发布会。当时，各大媒体争相报道了发布会的现场情况，其中的话题女王小S更是媒体们争相采访的焦点人物。因为当时小S正处于怀孕期，再加上有新闻报道小S与作家李敖产生了矛盾，以及小S的好姐妹张柏芝遭遇

Part 10
话题选择：擅长巧妙交流的"冷艳女主持"

婚变等一系列敏感话题，所以当时的发布会负责人倍感压力。虽然有关人员已经在采访前与记者朋友打好招呼，不准在发布会上提问小S关于怀孕的话题、李敖的话题以及张柏芝婚变的话题，但是实际上，仍然有记者忍不住问出了口。发布会上，主持人试图阻止这类不好的话题继续下去，但一贯爽朗自信的小S不改落落大方的性格，微笑道："没关系，我可以回答。我知道传媒也不容易，我心中有把尺，会给你们一个交代。"至此，小S便与媒体记者展开了一场察言观色的语言较量。

真正的语言家，由语言激发矛盾，也终将由语言结束矛盾，小S与李敖之间的所谓"骂战"亦是如此。当李敖再次登上《康熙来了》的节目舞台，便宣示着他与小S的语言矛盾已经烟消云散。吃一堑，长一智。此次事件之后，一向百无禁忌的小S在说话时开始察言观色，适时而止。在与媒体的公共交流中，她也变得更加谨慎小心。

清扬发布会上，主持人李晨不小心提及李敖事件，小S眨着眼睛，玩笑道："不要再提老先生了。"之后，有记者要求小S爆料别人的糗事，小S却适可而止道："我现在可不敢多说别人的坏话，我怕会再度成为被告。"

察言观色，适可而止，将诟病止于无形，让矛盾停留在过去，这种半开玩笑的拒绝言辞，正是小S历经风雨、洗尽铅华的完美蜕变。百无禁忌、肆无忌惮的语言在合适的场所说出来是一种语言艺术，因为它们可以助小S成为台湾主持界的"名嘴"；察言观色，适可而止地说话也是一种语言艺术，因为它们可以让流言蜚语消散，让矛盾冲突终止。

后来，在一期小S的专访节目中，她与李敖的舌战事件再度被问及，小S回答说："对于这件事，伟忠哥抱着对老板的关心，妈妈抱着对女儿的关心，老公抱着保护我的态度，让我很感动。我现在发现，人生与越多人为敌，其实越累。如果说你不想累，那么最好的办法就是趁早落幕。"

将不开心的话题终止是另一种层次的语言艺术，很多人为了面子，不敢拒绝回答关于自己的敏感话题，甚至会忍着受伤，迎合别人强制揭开自己的伤疤。这样的人其实并不懂得语言的艺术，制造话题是语言艺术的一方面，而岔开话题、引导话题、懂得用语言完美拒绝是语言艺术的另一方面。

从以往小S主持过的节目来看，无论在任何场景，无论面对任何嘉宾，小S几乎没有不敢说的话。然而，事实上，小S表示，她在主持节目时并不是没有忌讳。小S在接受采访时说："你们别看我很会吃男明星豆腐，会问麻辣问题，其实我都在一旁观察，如果嘉宾面露不高兴的神色，我会立即撒娇讨饶。"

由此可见，小S在说话时察言观色的本领确实很强，至今，在她主持过的节目中，嘉宾还没有真的生气过。而且，即使小S话语的尺度再大，也总是点到为止，她总能在节目中察言观色，适可而止，控制着局面的发展。

小S还向媒体透露，熟人的节目很难做。她说："因为我要顾及好朋友的感受，比如范范的那期节目，范范是个很保守的人，她最不想聊的就是性事，因此我就不会提及。"

与朋友交谈，我们要察言观色，适时而止，这样我们说话才会很有分寸，不会因为说话不得体或涉及朋友隐私而使朋友不高兴，甚至毁了珍贵的友谊。同样，面对陌生人，我们更应该察言观色，适时而止，如果我们乱说话，说错话，就很可能会引起别人的反感，甚至是语言攻击。

Part 10
话题选择：擅长巧妙交流的"冷艳女主持"

4. 主持人要鼓励对方多说"自己的事儿"

对于从事普通职业的人，交流中只说自己的事而鲜说别人的事是人际关系的危险信号。对于一个主持人来说，以自我为中心，不去鼓励嘉宾说"自己的事儿"，就不可能把节目做好。

2013年7月19日，《康熙来了》的嘉宾是出演电影《小时代》的郭敬明团队，他们分别是凤小岳、郭碧婷、郭采洁、谢依霖以及郭敬明。节目中，小S将主持人的身份发挥得恰到好处，她不仅能以嘉宾为中心，鼓励他们多说"自己的事儿"，还能抓住嘉宾的小细节，引发话题，逗乐观众。

蔡康永在节目中介绍说："郭碧婷应该之前只参加偶像剧，是吗？"郭碧婷认同地说道："也是台湾（地区）的电影。"蔡康永问："哪一部？"郭碧婷答："《沉睡的青春》《街角的小王子》。"小S一本正经道："我检查了一下她的新闻，好像没有什么就是……"蔡康永忍不住笑道："你检查过她的新闻吗？"小S忍住笑声说："都是没有什么东西可以去追究的。"蔡康永说："所以这个人就是很严谨啊，应该是防得很好。"小S故意引诱道："也没有跟男明星在一起啊。"这时，郭碧婷笑了，蔡康永问："要聊，要告诉我们吗？"郭碧婷连忙不好意思地说："没有……真的没有。"蔡康永怀疑道："没有？"小S接着通过引诱的方式鼓励郭碧婷说自己的事，她以陈述的口吻说："然后也没有谎报年龄……"郭碧婷摇着头不停地说："没有……"蔡康永接着问："整形？"郭碧婷仍然报

/ 177 /

以微笑，但没有解释，算是默认不赞同。小S连忙接过话，说："看起来不像有整形的样子。"蔡康永继续疑惑道："天生就长这样？"小S答："应该是。"蔡康永惊讶："这么厉害！"小S语出惊人："可是好像是戴假发。"小S的幽默让现场的气氛顿时活跃起来，笑声和惊呼不断。

这种通过提问和确认的方式，鼓励嘉宾说出"自己的事儿"，小S与蔡康永已经默契配合多次，运用得驾轻就熟了。在这次对话中，小S通过陈述检查过郭碧婷的新闻而引发话题，而蔡康永扮演提问的角色，然后，小S充当一个陈述者的角色，不停地以假设陈述有关郭碧婷的事，郭碧婷被引导着做出了各种反应来回答，有通过"没有"等口头语言回答的，有通过摇头等肢体动作回答的，也有通过微笑等神态回答的。这其实就是一种鼓励对方多说"自己的事儿"的表现。而交流中，三个人所表现出的状态和特点，更为此次对话加分，对节目也起到了很好的增色效果。

对话中，人们的焦点话题是郭碧婷的事，小S对话题的掌控令人拍手叫好。这样的话题更加突出了嘉宾，让焦点聚集在嘉宾的身上，使整个节目还未开始就已经达到了高潮。最后小S加上了一句玩笑作为这个话题的结尾，这句玩笑在平和的陈述下显得十分突兀，但却能让人大笑。

根据小S引导嘉宾说"自己的事儿"的经验，我们可以在日常生活中借鉴以下几点：首先，以交谈对象为中心，避免以自我为中心；其次，在引入话题后可以通过提问来引导别人说话，或者通过对他人的肯定来鼓励别人说话；最后，对语言掌控能力比较好的人，不妨在交流中适当加些有趣的调侃话语，这样可以使聊天气氛更加轻松有趣。愉快的交流，能促进交流双方的互相了解，也能促进友谊的产生。

5. 语言的魅力：制造人们最感兴趣的话题

在交谈时，选择什么样的话题，对方才能提起兴趣，才会有加入交流讨论的欲望呢？实际上，人们感兴趣的话题，无非就是最贴近生活的话题，或者是与其利益紧密结合的话题。

小S很善于在节目中制造令人感兴趣的话题，有一期《姐姐好饿》邀请的嘉宾是黄晓明，在做菜环节，小S对黄晓明说："你不是请我主持你的婚礼吗？然后，当时我在婚礼上面问过你和Angelababy一个问题，Angelababy有回答，可是你没有回答。"小S看着黄晓明继续说："你今天敢不敢回答？你回答了，我就觉得你是一个真的爱老婆的很有种的男人。"黄晓明说："你接着说。"小S说："所以你今天要回答的问题是：Angelababy亲你哪里，你会觉得最兴奋？"黄晓明说："她当时怎么回答的？"小S说："她当时说'你吻她全身，她全身都是她的敏感带'。你呢？你应该有一个特殊的地方吧？"黄晓明笑着答道："没有。"小S有些惊讶："没有？"黄晓明说："对呀，我一看到她就兴奋。"

节目到了这里，我们不禁为小S制造话题的高超手段和黄晓明的机智回答点赞。由此可见，敏感话题往往是人们最感兴趣的话题。那么，生活中我们要从哪些方面制造敏感话题呢？

（1）学习的话题

学习是生活中必不可少的重要话题，一般情况下，每个人都会经历较长的学习过程，从小学到大学的经历是人们最美好、最难忘的经历之一，几乎没有人不愿意聊那些肆意的青春。特别是在学习期间发生的一些糗事和趣事，更是人们津津乐道的事情。所以，在学习方面制造话题，聊一聊学校里的趣事和糗事，可以快速打开他人的心扉。这类话题是一种关于记忆的敏感话题，也是开启聊天模式的一种良好捷径。

（2）恋爱的话题

恋爱也是比较敏感的话题。当今社会，大学生恋爱已经是非常普遍的事情，甚至很多人在高中时期就已经开始了恋爱。而除了在学习中恋爱，在生活中恋爱依然是人们永恒不变的热门话题，以恋爱为切入点，自然可以诱发人们感兴趣的话题。

（3）压力的话题

随着现代社会生活节奏的加快，各方面的压力也越来越大。在求学时有学习的压力、考试的压力、升学的压力；在生活中有持家的压力、买房买车的压力、娶妻生子的压力；在工作中有完成任务的压力、升职加薪的压力、面对领导检查的压力。总而言之，压力无处不在。因此，以压力为话题，人们往往都愿意发表自己的看法，也都愿意参与交流。

（4）网络的话题

移动互联网的普及使人们的生活产生了巨大的改变，网络时代，各种网络信息充斥着人们的生活，网络新闻已经成为人们获取外部信息的主要方式。以网络为话题，由于知识范围广，覆盖面积大，人们也会更感兴趣。

（5）手机的话题

很多人说，智能手机引领了新一代的科技革命，虽然这句话有待考证，但是有一点却可以确定，智能手机已经成为销售最火的一类电子产品。智能手机越来越普及，几乎人人都有一部，特别是年轻人，因而智能手机也成了年轻人最爱聊的话题之一。比如，每一次苹果公司召开发布会，每一次苹果新机型上市，都能成为果粉们争相追逐的话题。智能手机的话题关乎人们的日常，能够深刻影响人们的生活方式，因此，这样的话题人们会更感兴趣。

（6）理想的话题

理想是一种关于价值观的话题，也是很容易打开聊天模式的话题。这类话题充满了正能量，能够刺激人们的观念和态度。除了价值观外，理想还包含了人生观和世界观等更高层次的内容，因此，这类话题也容易成为人们讨论的焦点。

通过以上几个方面制造话题，可以起到很好的沟通效果。总结来说，能让人感兴趣的话题一般包含三个重要特性。

第一，敏感。话题越敏感越容易引起人们的注意，也越能挑起人们的兴趣。

第二，有趣。很多人都有一颗八卦的心，有趣的话题便可以满足人们的这种喜欢八卦的好奇心。

第三，关乎人们的切身利益。一些人喜欢理财，于是经常关注财经新闻、财经话题等。为什么？因为这类话题关乎这类人的切身利益，而学习财经的知识、关注财经的话题，便可以帮助他们更好地理财，从而提高自身的利益。因此，关乎人们切身利益的话题也是人们感兴趣的话题。

总之，制造话题有一定的技巧，语言魅力的表现之一就是制造人们最感兴趣的话题。了解日常生活中人们最关注的几个方面，就能通过延展这些方面的内容，制造人们最感兴趣的话题。

Part 11
肢体语言：
举手投足就High动全场的形体达人

有一句经典的电影台词："你的眼神出卖了你。"而就是这简简单单的一句话，被换成不同的说法出现在不同的桥段当中。眼神真的会出卖一个人吗？答案是肯定的。在人与人的交往和沟通当中，眼神、表情和动作都是肢体语言的重要组成部分，它们能够向他人传递重要的信息。

当然，我们都知道肢体语言的重要意义，我们所说的话可能被修饰和掩盖，但是我们无意当中所表达的肢体语言却能够成为我们内心真实的解读。小S在娱乐圈之所以有如此高的知名度和人气，原因之一就是她丰富的肢体语言表达能力和技巧。

所以，我们也需要具备这样一种说话技巧与能力——懂得去解读他人肢体动作背后的真实心声，也要借助肢体语言更好地表达自己。只有如此，我们才能够在学习怎样说话的同时，不断意识和体会到肢体语言的重要作用。

1. 意在言外：解读好不同的肢体语言

在娱乐圈混迹多年的小S，可以说是一个经历过风风雨雨的人。在节目当中，小S一直以鬼马派的形象出现在大众的视野，夸张的肢体语言自然也成了她的"标配"。当然，这种肢体语言也产生了妙趣横生的效果。

在任何一期节目当中，我们都可以看到小S的肢体语言。例如在一期《康熙来了》中，节目组邀请到了日本的"口技"素人拓也哥，在与拓也哥的互动当中，小S通过对拓也哥下跪这种夸张的肢体语言让主持取得了良好的效果，而在整期的节目当中，小S也是借助各种丰富的肢体语言获取了主动权。

拓也哥生于日本，是日本一个酒吧的老板。他在日本非常出名。2013年8月，拓也哥受邀参加《康熙来了》，与艺人董至成、包小松、北村丰晴及阿布大聊小酒馆文化。刚刚上场，拓也哥就受到了观众热情的欢呼，小S揶揄地对拓也哥说："今天很多女粉丝知道拓也哥要来，有很多问题想问你。"

由于拓也哥的绝技令人称奇，小S想拜师学艺，就问拓也哥主打的两招是什么，一般多久能学会。拓也哥回答，自己练习了二十年，如果小S能和他一样练习二十年，也就可以出师了。听到这里，小S继续追问："如果我很努力，不能缩短时间吗？"对于小S的追问，拓也哥表示："如果你愿意成为我的徒弟的话，十年就可以。"听到这

Part 11
肢体语言：举手投足就High动全场的形体达人

里，小S马上当众下跪答谢拓也哥，并希望拓也哥答应她带她的妈妈一起。

在这一系列互动中，小S用夸张的肢体动作和诙谐的语言让全场的氛围一次又一次升温，尤其是她给拓也哥下跪拜师，同时请求带着自己的妈妈，让整个节目现场再次沸腾起来。恰当的语言配合合适的肢体动作，一直是小S的风格，而这一期节目因为小S下跪拜师的带动而走向高潮，也让来自日本的嘉宾拓也哥很快地放松下来，更加轻松愉快地完成了这一期《康熙来了》的录制。

从中我们也看到，小S不仅话锋犀利，同时她也能够自如地把握和恰当地使用自己的肢体语言，通过话语之外的动作与他人交流，往往会取得更加令人满意的效果。对于懂得肢体语言的人来讲，不同的肢体动作表达了不同的含义，想要了解一个人的行为意义，必然要破译他的肢体语言。

假如在人群密集的场合，比如餐厅或者会议室，有一个人侃侃而谈，全然不顾周围人的想法和目光。这时，演说者的同伴有些不好意思了，他先是悄悄地扯了一下对方的衣服，但是这位演说者并没有在意，或者他根本没有意识到。同伴感到很沮丧，想阻止他，因为周围的人并不喜欢听这样的意见，于是，他又故意咳嗽了两声。这时，演讲者终于听到了同伴的声音，他看了一下四周，心中会意，便停了下来。

影视作品当中经常会出现这样的桥段，这很明显就是一个运用肢体语言的案例。同伴通过语言去阻止演讲者是非常不合适的，会让演讲者陷入更加尴尬的境地，所以他选择了另一种方式，通过咳嗽让演讲者停止下来。而同时演讲者也读懂了同伴的咳嗽，于是，良好的非语言互动就这样产生了。

这样的例子对肢体语言的解释并不完美，但是众多的心理学家和观察者发现，在人与人面对面交流时，肢体语言的作用要远远超过实实在在的话语。小S在节目录制当中常常通过肢体语言与嘉宾互动，并取得了良好的效果，这在心理学当中被称为一种缩短人际距离最直接有效的方法。因为人与人之间彼此亲疏不同，在沟通时通常会保持一定的距离，这样能够在一定程度上满足个人心理上的安全感。而肢体语言作为一种感情的表达方式，自然会起到良好的亲近效果。

小S是一个观察他人肢体语言和自如运用肢体语言的高手，在大众的视野里，她一直是一个不仅性格好而且还很会说话的人，尤其善于通过自己的身体动作去表达。

不过，对于大部分人而言，借助肢体动作来表达情绪之时，他们本人是不知道的。与他人进行交谈时，人们会无意识地做出各种各样的动作，或者蹙眉，或者摇头；要么摆动手势，要么双腿交叉。心理学家表示，正是这一系列无意识的肢体行为，向外界传递了重要的真实信息。

一个信息通过个人完整地向外界传递是由不同的语言成分组成的，其中单纯的言语只占7%，说话的声调占38%，剩下55%的信息则是由肢体语言来传达。而且，肢体语言通常是一种没有意识的举动，所以在传递信息的过程当中它很少具有欺骗性。所以，对于日常的说话和沟通来讲，学习使用自身和解读他人的肢体语言就成为一种关键的沟通技巧。只有运用好自己的肢体语言，同时也读懂他人的身体动作所表达的含义，才能真正地去了解整个信息沟通过程中双方的言外之意、话外之音。

当然，肢体语言的运用与观察并非一朝一夕就能够掌握的技巧，它需要在生活日常的沟通当中多多地注意和观察。接下来，我们列举部分肢体语言所代表的含义，来对肢体语言进行广而言之的概括，这些也是人们多年累积和观察的结果：

Part 11
肢体语言：举手投足就High动全场的形体达人

眯眼睛——表示厌恶、不同意或者发怒、不欣赏；

来回走动——焦躁不安或者情绪低落、生气；

挠头——感到困惑或者不信任；

搓手、扭手——不安、紧张和害怕；

微笑——表示满意或者认同；

身体前倾——感兴趣、被注意或吸引；

抖脚——紧张；

咬嘴唇——害怕、焦虑、忍耐；

垂头——沮丧；

摊手——表示无可奈何；

正视对方——友善，诚恳，外向，有安全感，自信，笃定等。

以上只是生活当中常见的几种肢体语言，而在小S身上我们实际上看到了更多更丰富的肢体语言，她对肢体语言的解读和运用的能力值得每一个人去学习。实际上，人们在关注有效沟通的重要性的同时很容易忽视这些言外之意在我们的沟通当中占据着的地位。我们在学习了解自身和他人的身体语言之时，也会有意无意地借助它们去表达自己，从而达到有效沟通的目标。肢体语言不仅是一门艺术，它在很大程度上也会影响一个人的说话技巧、行为轨迹。所以，我们在学习说话与沟通的技巧时，应当更多地去关注肢体语言。

2. 面部表情是传递信息的重要语言

近几年来，伴随着互联网的发展，网络社交软件也越来越活跃，但是由于无法实现面对面的交流，于是就产生了相应的替代衍生品——表情包。表情包如今已经成为一种流行文化，它是以明星或者动漫形象为素材，配上当下流行的语录而制成的图片，用来表达特定的情感。小S的面部表情就是多元化的表情包素材之一。

从心理学和行为学的角度来讲，人的面部表情实际上是其内心情绪状态的一种外在表现，它是一种无声的身体语言。表情与人内心的活动有着非常复杂的联系，因此我们也可以通过他人或自己的面部表情以及表情变化来读懂和传递重要信息。

俗话说，六月的天就像孩子的脸。其实，这句话从侧面说明，一个人的内心世界可以最直观地表现在表情上。人在孩童时期是不懂得掩饰的，总会以最真实的面孔来面对一切，所以变化的面部表情就是他们内心的写照。而作为父母，他们正是通过孩子的表情来解读孩子的感受，给予他们相应的照顾和满足。

同时，孩子也在慢慢成长的过程中学会通过父母的面部表情来猜测他们的内心。不过，他们会慢慢发现大人的面部表情并不都是真实的，于是他们开始学习鉴别父母表情的真假，也学会了用不真实的表情来伪装自己的内心感受。例如，即使自己不开心，他们在公众场合也不会表现出来，而是对他人客气礼貌地微笑。久而久之，人们就开始学会用自己的表情传递信息了。

Part 11
肢体语言：举手投足就High动全场的形体达人

小S作为表情达人，能够通过面部表情的变化来传递不同的信息。例如，一期节目以小S的美食地图为主线，邀请了很多美食专家来到演播现场。在节目开始，小S的表情是难有的严肃，她非常正式地和嘉宾们一起讨论知名的美食。在互动过程当中，小S表示自己是一个对美食"非常有研究的吃货"，说这句话的时候，她的头微微上扬，面色沉重，嘉宾们也读懂了她的意思，都非常自觉地露出同样的表情。

而恰恰是小S和大家通过表情所表现出来的严肃和沉重，让现场披上了一层冷冷的幽默气氛。接下来的环节则"相对轻松"许多，大家开始现场品尝和分享小S的美食，在品尝过程中，小S一直是非常快乐和享受的神情，连嘉宾的提问都来不及回答。大家看到小S的"吃相"，再一次确认了她"吃货"的称呼。当嘉宾给她送来一碗普通的馄饨后，小S马上抢过来就开始食用，而且边吃边陶醉，一边的搭档蔡康永不禁感叹："原来小S的生活是这样艰苦啊！"而小S依旧来不及说话，只是在闭着眼睛不停地点头，引起大家一片唏嘘。

仅仅通过两种表情，小S就将自己的感情强烈地表达出来——先是通过郑重其事的严肃表情向大家说明自己对美食的重视和热爱，而后在具体的食用互动环节利用闭眼、点头和沉醉向大家传递"真的很好吃"这一信息，加上搭档蔡康永的渲染，让节目现场和全场的观众们都有一种身临其境的错觉。

在日常的人际交往过程中，肢体语言是人与人之间进行互动的主要方式，而面部表情作为人们肢体语言最直观的表现，能够传递出不同的信息。我们观看小S的节目所产生的感受，大多都是她和嘉宾通过面部表情所传递出来的。一直以来，人们的语言也是依靠面部表情来实现互动的，小S丰富的面部表情让她成了一个时期流行文化的代表。通常，我们在节目当中看到的小S的面部表情可以表达以下几种内心活动：

（1）**快乐**。当一个人快乐的时候，通常会额头平展、目光明亮。小S开心地笑出声的时候，我们就能明显地感觉到她面部表情的变化——嘴角上扬，面颊上提，眼睛弯弯像一枚新月，同时也更加明亮。这是她标志性的表情，众多的观众也是被小S这样极具渗透力的微笑所感染。

（2）**惊讶**。惊讶作为一种最常见的面部表情，通常是双眉高挑、眼睑睁开。与此同时，下颌呈现出自然张开的状态，呼吸要比往常更加急促。惊讶的表情是一种无声的语言，这也是小S常常使用的表情之一，作为一名娱乐节目的主持人，必然需要借助不同的肢体语言来带动和引导节目现场的气氛，而惊讶这种面部表情是最适合的语言之一。

（3）**生气**。生气这种面部表情通常表现为眉头紧蹙、目光凝视、紧紧闭着嘴唇或者张口。当生气的情绪达到一定的程度就会演变成为愤怒，而愤怒的状态往往表现出来就是大声哭泣或者怒视。当然，在文明社会，愤怒的情绪一直处于被道德准则所抑制的状态，我们几乎没有看到过小S生气，即使有，更多的时候也是为了调节节目气氛的需要而有意为之。

（4）**厌恶**。厌恶是众多面部表情当中非常容易确认的一种，当人们感到厌恶的时候，眉头会深深地皱起。在面对难闻的气味或者出于表达感情的需要时，小S会在观众面前表现出夸张的厌恶表情——眉头紧皱、肌肉紧张、鼻头皱起，通过这样的一种方式向观众传递和描述自己所面对的这一切。

（5）**悲伤**。悲伤对于活泼的小S来讲，最直观的表现就是沉默、眼角下垂。因为悲伤和痛苦是一种很难以外露的面部表情，所以在大多的时候也很难被识别。伴随哭泣的悲伤往往出现在婴儿身上，成年人的悲伤往往会被掩盖，这主要是受文化的约束。当然，出于交流的需要，有人也会刻意去模仿悲伤的表情。

这五种表情被网友们制作成了小S的专属表情包，借助她对比鲜明的喜怒哀乐等表情在社交中表达自己的情感。的确，人的表情就是心情的晴雨表，在实际的社会交流过程中，我们往往认为语言才是最重要的，其实并非如此，面部表情在沟通中所起到的效果也是非常重要的。

曾经有这样一个真实的故事，一个漂亮的小女孩，她天真活泼，但是很不幸，在一次事故当中她被大火烧伤了右脸，留下了非常难看的伤疤。而且，小女孩的右脸神经受到了永久性的损伤，她的右脸已经不能再有任何表情了。为此，小女孩的父母将事故的责任方告上了法庭，小女孩亲自到场，在法官和律师的鼓励下，她向陪审团的观众展示了自己两个截然不同的面颊。大家看到，小女孩左脸的微笑是那么美丽动人，而当她将右脸面对陪审团的时候，巨大的对比和反差不禁让大家惊呼、惋惜。大家一致认为责任方对这个小女孩造成了无可挽回的伤害，曾经这样美丽的孩子以后却无法通过丰富的表情向他人传递情感和信息，这是一件多么残忍的事情。所以，陪审团一致认定责任方应该负全部责任。

因此，在注重语言的运用和技巧的同时，我们也应当像小S一样，充分运用肢体语言来传递信息，同时学习把握和解读他人的面部表情。借助对面部表情等肢体语言的运用和把握，实现和不同人的良好沟通。只有如此，才能在人际交往和沟通中如鱼得水、百战不殆。

3. 通过肢体动作，窥探他人内心

在说话交流当中，肢体语言往往会被忽视。但有时候，也许就是某一个无心的眼神和微笑的动作，就能够决定一次谈话的成功或者失败，而肢体语言的真正魅力也在于此。也正是我们有意无意地透露出来的肢体动作语言，在很大的程度上决定着我们是一个掌控者还是被动者。

电影的发展经历过无声电影时期，在那个时期，唯一可用的沟通方式就是肢体语言，因此也出现了许多善于观察和运用肢体语言的大师，例如卓别林。在当时，这些大师可以恰到好处地使用各种肢体语言，并通过肢体语言向台下的观众发出信号，和他们进行没有障碍的交流。而这种能力也成为那个时期评判一个演员是否优秀的标准。

今天，人们将注意力转移到有声语言上，许多无声的影视作品也渐渐淡出了人们的视线。但是，这并不意味着肢体语言也一样失去了作用和价值，无论是生活还是工作，我们与人说话交流时，肢体语言的作用不但没有衰减，反而越来越重要。

小S作为一名娱乐节目的主持人，和所有的节目主持人一样，都需要在主持的过程当中通过语言来调节节目的气氛，通过举手投足的肢体语言来掌控节目的节奏和氛围。在往期的《康熙来了》中，我们可以看到小S通过一种幽默、诙谐的语言和肢体动作，在引人发笑的同时，也给大家带去更深层次的思考。

小S夸张的肢体动作再配合其风趣幽默的语言，也成了《康熙来

Part 11
肢体语言：举手投足就High动全场的形体达人

了》最大的看点之一，她的某些动作和语言也成了她的标签，更成为广大观众记住她、喜欢她的重要因素。在2009年的一期《康熙来了》节目当中，剧组邀请到了当时热播的《痞子英雄》的演员。

节目正式录制之前，小S不小心在后台摔倒了，且恰好被《痞子英雄》的男主角赵又廷等人看见了。所以，在开播的时候，小S风风火火地指着看到她摔倒的人说要杀人灭口。

当节目正式开场，小S便开始"制作"自己独有的面部表情包，她一脸花痴地说："今年我最看好的戏就是你们拍的《痞子英雄》，因为我觉得仔仔的演技真的是超好，而且赵又廷真的好帅啊！"

相较于小S的花痴，赵又廷则让自己表现得很"正常"："真的吗？谢谢。"

赵又廷刚刚回答完，小S突然作大哭状，用非常夸张但是又很懊恼的语气对赵又廷说："对，你的确很帅，所以我才要杀死你，因为你看到我跌倒，很丢脸嘞。"说到此，小S就自顾自地"哭"了起来。

这个时候，蔡康永好心提醒小S："你最好好好对待赵先生，你知道他的父亲是谁吗？"

听到蔡康永的提问，小S马上停止了"哭泣"，立刻站直，弯腰作揖，一副恭恭敬敬的样子回答道："我知道，最近那个赵树海大哥还好吧！"接着，她就一直以这样的一种状态同赵又廷对话。

从这一期的节目当中，我们可以看出，夸张的肢体语言是小S带动节目气氛的重要法宝之一。在后台跌倒被帅气的赵又廷看到，让小S觉得非常丢脸，于是在节目当中，她有效地运用肢体动作来表达自己的感受，通过提高声调和加重自己的语气来表达自己内心感到丢脸的想法。又因为赵又廷很帅气，所以她又"哭"着说自己要杀死他，由此来表达自己的不舍和懊恼。

小S徐熙娣的 说话之道

　　而通过蔡康永的提示，小S想起了赵又廷的父亲是赵树海，于是马上又转变了态度，对赵又廷弯腰作揖，一副恭敬的样子，并一直这样与对方说话，让整个节目现场的气氛变得非常活泼，引起现场和电视机前观众的大笑。小S的节目主持风格一贯如此，尤其是在肢体语言上，她要比更多的主持人放得开，也因为如此，她的节目获得了众多观众的喜爱。

　　由此可见，语言的表达不仅仅局限于有声的语言，还包括丰富的肢体动作，相比较而言，肢体语言的直观表达要比有声的话语更加明显。在节目主持当中，小S正是通过将有声的话语和丰富的肢体语言相结合，从而达到了更加丰富和幽默的表达效果。

　　实际上，肢体动作就是一个人内心情感的外在体现，一个手势、一个表情或者是说话时声音的变化，都有可能成为表达自我情感和情绪的关键，而我们也可以通过丰富的肢体语言来表达自己或者观察他人。而解读他人肢体语言的技巧就在于我们是否能够在倾听对方说话的同时，通过对方的动作去体察其内心。

　　当然，我们掌握解读肢体语言的能力，除了可以在交谈当中通过观察对方的肢体动作来窥探对方的真实内心活动外，更重要的是我们可以通过丰富的肢体语言来表达自己。我们内心的感受和情绪分为多种，有悲伤、有愤怒、有欢喜也有快乐，有时候，我们无法通过简单的有声语言去表达这些感受和情绪，这样，如果同时可以借助丰富的肢体动作，那么我们内心的情绪就会更加容易和直观地表现。

　　例如，感到悲伤的时候，我们可以哭泣，而在快乐的时候，则可以通过唱歌、手舞足蹈甚至欢呼雀跃来表达自己的感受。无论运用哪一种方式，我们都可以通过细微的动作来表现自己的情绪状态，而我们身体的每一个部分，也会在有意无意的状态下体现我们内心的真实想法。

此外，或许有人会认为，肢体语言更多的是面部表情和手势，不过人在高兴的时候，下肢也会不自觉地做出很多小动作，来向他人展示内心情绪。例如，久别的情侣见面时，会用跳跃来表达自己快乐的心情；兴奋的人，脚步也会变得轻盈、轻快，这是内心感到快乐和兴奋的表现。无论如何，只要我们认真发现和学习，我们都可以通过肢体的任何一个动作，来解读他人内心的想法和情绪，也可以通过自己肢体的语言，在交流当中更加直观地表达。

4. 让一切尽在"掌"握之中

在人类历史上，手势语言是人们进行沟通和交流的一个重要语言技巧和手段。有时候，为了表明自己的友好，人们会伸出双手来证明自己的善意，或者摊开手掌，表示自己的坦诚。

我们都知道，小S是一个精灵古怪的人，而每一次出现在大众面前，她都会为大家带来意想不到的乐趣，而这些乐趣很多都源自她的肢体语言。在《康熙来了》停播之后，小S与哈林合作的一个肢体语言让网友们费尽思量。

当时在录音棚里，小S在飙歌的同时做了一个类似OK的手势，不过与普通的OK手势不同，小S的手势是胳膊平伸，掌心向上。而对于这个手势，网友们有众多的猜测，毕竟这次与哈林的合作恰好碰上哈林的恋情曝光，对于刁钻而鬼点子特别多的小S来说，她应该不会放过如此好的机会去八卦一下哈林吧。

于是，对于小S的奇怪手势，网友们进行了各种猜测。有网友认为小S可能会问哈林三个问题，所以伸出了三个手指；也有网友深得小S幽默本事的真传，说小S这样做其实是在练功，也就是江湖上失传已久的弹指神功；还有网友表示，小S的手势语言是告诉大家，她要连唱三首歌；更有人指出，大家都不要再猜了，这是小S在显摆自己的三个孩子呢……

而对于自己的这个手势，小S则没有表示什么，于是，也有人认为她当时是太紧张了，将OK的手势摆错了而已。不过无论如何，虽

Part 11
肢体语言：举手投足就High动全场的形体达人

然《康熙来了》已经停播，但是小S的人气和热度却没有因此受到影响。如今，她无意的一个肢体动作，就引起了大家广泛的注意，网友通过丰富的想象力去猜测小S的手势所表达的真正意思，也是源自过去她有着太多丰富而夸张的肢体语言，而且这些肢体语言得到广泛关注。

实际上，我们可以通过小S的手势解读出不同的答案，也从侧面说明了肢体语言在不同的语境下、在相异的文化中，都会有不同的含义。只有真正了解了这其中的差别，我们才能够更加自如地去解读和运用。

以手势为例，大部分肢体语言都是通过表情和手势来表达的，小S的肢体语言表情包也往往包含各种各样的手势。大家都了解手势语言的重要意义和作用，却很少有人会意识到，有时候，正是因为语言环境的地域文化差异，手势所表达的含义也可能会给我们的沟通带来误解。

我们通过学习，可以了解到肢体语言的重要性，但前提是懂得肢体动作表达的含义，只有做到了这一点，我们才能够在日常生活中自如地把握和运用，才能更清晰地解读对方的身体语言，读懂他们的言外之意。那么，对于手势语言来讲，不同的手势有哪些不同的含义？在差异化的语境中，这些含义会不会发生变化呢？

在小S的节目当中，我们经常会看到她对嘉宾跷起大拇指的动作。而众所周知，这个手势，在我国表示一种佩服、赞许和夸奖，同样，在一些地区，它还有问候远方朋友的意义。这一手势的含义在多数地区的意义都是相同的，但是在澳洲，这一手势却有着相反的意义。如果对一个澳大利亚人竖大拇指，他会认为我们在说他很粗野。

相比较于向上竖起拇指，在我国，向下伸出拇指的意义则简单得多，就是指很low。同样，我们在回答完整的数字时，往往也会配合着手势，比如一、一百或者一千这样的数字，我们会伸出食指来表示"一"这种肢体语言在我们的生活当中已经司空见惯，不过在国外的很多国家，伸出食指无论是表示数字还是指向某一样东西，都是不礼貌的。

　　胜利的手势，即中指和食指形成一个V字。这种手势源自于英语Victory，是"胜利"的意思。当年，英国首相丘吉尔在检阅时使用了这样的一个手势语言，V形手势因此得到迅速而广泛的流传。而在中国，这种手势还代表了更多的含义，尤其是对于年轻的一代人，它表示青春的无限活力，也表示某一件事情得到圆满的完成。与V形手势不同，向上伸出中指表示对对方的侮辱、鄙视和咒骂。

　　一般而言，手势语言在我国也是一种基本的礼仪，如我们日常所熟悉的邀请、给对方指引方向等，都是通过手势这一肢体动作来完成。在社交场合当中，礼貌的手势是肢体语言当中极为重要的一部分，如果把握不好，就会影响交流和沟通。我们每一个人都希望成为像小S那样会说话的人，而在我们学习了众多说话技巧的同时，也不应该忽视影响着沟通顺利进行的肢体语言。

Part 11
肢体语言：举手投足就High动全场的形体达人

5. 如何提高自己的肢体语言能力

我们能够与他人进行交流和沟通，主要是依靠两个方面，一个是有声的语言，而另一个则是丰富的肢体动作，这两个方面相互补充，二者缺一不可。而且，有的时候肢体语言能够比有声的话语更能够确切地表达我们内心的感受和真实的想法，这种表达方式也要比说话更加精确。

同他人沟通的时候，每一个人都会有一些小的动作，这些小动作就是我们向他人透露的无声的肢体语言。同时，这些肢体语言会更加真实地泄露说话者的心思。例如，一个人在说话的时候，总是会不时地用手去遮挡自己的嘴巴，通常，这种举动代表说话者是一个内向、懦弱的人，他们的内心会有很多秘密，但是不愿与他人分享。而如果这一动作出现在女性的身上，则还表明这位女性可能对对方心存好感。

再比如，与人交谈的时候，如果对方交叉双臂，而眼神总是向说话者以外的方向观看，则说明他内心可能对谈话的内容有一种戒备，同时他的眼神也表示他对谈话的内容并不感兴趣。而讲话者在说话的时候如果总是用手摸鼻子，那么他就很有可能在说谎；如果他总是摸眼睛，则是内心并不同意交流的观点，或者是感到很疲惫；如果将手指头放在嘴唇上，那就表示他在认真思考自己所说的内容，而不是在随便乱说。

小S一直是一个善于运用和观察自己及他人肢体语言的人，在综艺娱乐圈，尤其是在自己主持的节目当中，小S会和各种各样的人打交道。所以，察言观色、体察对方的肢体语言应该是她的拿手技能了。

最近，虽然《康熙来了》已经停止录制，但是小S的事业和工作却没有受到丝毫的影响。如今，她已经成为由爱奇艺独家出品的网络综艺节目《姐姐好饿》的独立主持人。与《康熙来了》有所不同的是，《姐姐好饿》的嘉宾都是人气非常高的男神，主要内容就是通过人气超高的小S与观众喜爱的男嘉宾联合，结合小S特有的超级访问模式，再搭配美食进行互动。而《姐姐好饿》自开播以来，主持人小S与男嘉宾之间的"肢体语言"也成为了节目的一大看点。

对此，小S也表示，在与男嘉宾的沟通过程当中，如果想要了解他们真实的内心世界，就需要学会破译他们的肢体语言。与人相处也是这样，读懂对方的肢体语言，就会让交流的过程妙趣横生，而如果没有这方面的能力，那么沟通和交流就不会这么顺畅，更不会为观众带去那么多的乐趣。也就是说，只有在沟通当中读懂对方的肢体语言，同时恰到好处地去通过自己的肢体动作来适当表达自己内心的想法和感受，这样，我们才能够掌握交流的主动权。

那么，要怎样做才能够提高自身的肢体语言表达能力呢？除了在与人交流时注重自己的形象之外，还应该注意实践，多多借助合适的手势、眼神、表情等肢体动作和表情来交流和沟通。当然，除了这些需要注意的事项之外，我们也可以通过对许多细节的关注来提高自身的肢体语言表达能力。具体来讲，可以概括为以下四个方面。

（1）在沟通当中注重观察自己和他人

要想提高自己的肢体语言表达能力，可以在与人交流的时候，多注意自己在无意当中做出的动作，并判断这一动作背后所隐藏的信息。说话的时候，也尽量留意自己的身体语言，观察自己的身体语言是否与自己说的内容相吻合，如果不吻合，就要及时更正。

（2）保持与对方的眼神交流

人们常说，眼睛是心灵的窗口。这也从侧面说明，眼睛、眼神是最能够表达内心的通道。而在沟通当中，保持与对方眼神的交流，不但可以通过眼神的变化来表达和解读不同的内心感受，而且通过眼神的接触，还可以让谈话双方建立信任的关系，也是对对方的尊重。每一个人都希望自己所说的话被认真倾听，也希望沟通能够顺利完美地进行和完成，那么，实现这一美好愿望的有效方法就是在交流的过程当中保持谈话者之间眼神的交流，这是对对方的一种尊重和信任，也是自己坦诚的表现。

（3）注意自己的姿势

心理学上有这样的一种说法，在说话的时候，我们的姿势会出卖我们的心理，它会告诉他人，你是不是一个自信的人，你对对方的态度和想法都可以通过姿势解读出来。也就是说，在谈话当中，我们的姿势与自己内心的活动和情绪息息相关。在正规的场合，公众人物在讲话的时候几乎不会弯腰或者垂头丧气，我们日常的沟通也是如此，如果我们与人说话的时候总是弯着腰，就会给对方一种颓废的感觉，也表示对对方所讲的内容并不感兴趣。如果我们在对方讲话或者自己说话的时候站直或者坐直，那么就能够向对方传达出我们的自信，也能让对方知道我们对谈话内容的兴趣。

（4）关注自己说话的语气

我们在说话的时候可能注意不到自己语气的变化，如果留心，我们就会发现，每一个诉说者的内心情绪出现波澜或者变化的时候，他们的语气就会随着发生改变。这就是声音向外界所传递的大量信息，实际上，这也是一种肢体语言。在与人交际的过程当中，虽然我们很少去注重这种语言，但不可否认，它们的作用却是非常强大的，所以，我们在同别人说话的时候，在注重其肢体语言的同时，也应该格外地注意自己语气的变化，以便于更好地表达自己，也避免因为语气造成沟通的误会。

无论如何，在沟通当中，肢体语言的作用有时候要明显比有声的语言更直观和有效。小S因丰富的肢体语言而著称，我们在生活中同样也需要不断地学习提升肢体语言的方法和技能，只有如此，我们才能在与人的沟通当中更加顺利。

Part 12
黄金搭档：
让所有拍档焕发光彩的百搭台柱

　　凭借高超的语言技巧成为话场主角和集体关注焦点的人，可以被称为语言艺术家。作为别人的黄金搭档，甘愿放下身段配合别人说话、为别人制造主角光环的人，亦可以称为语言艺术家。语言的艺术不仅在于能说、会说，什么时候该说，什么时候不该说以及说什么，还在于如何配合别人说、怎样说才能突出别人的话。真正会说话的人不仅可以在人前滔滔不绝、口若悬河，还能够成为别人的语言搭档，配合别人把话说好。

　　舞台永远不是一个人的独角戏，想拥有完美的口才，有时也需要当事人具备一定的"绿叶精神"，配合别人把话说得漂亮。如果话场是双口相声的舞台，说话的主角是"逗哏"，那么，黄金搭档便是配合主角的"捧哏"，一捧一逗才能使交流更加有趣，才能使整个话场更加轻松愉悦。真正会说话的人无论与谁配合，都能让与他配合的人焕发光彩，成为话场的主角，语言的黄金搭档其实就是能够随时随地配合别人说话的百搭台柱。

1. 蔡康永：小S是百年一遇的奇才

　　一个人对自己的肯定是他的自信，而别人对他的肯定则是他的成就。作为娱乐节目主持人，同行的夸赞就是最好的肯定。台湾著名主持人蔡康永说："小S是百年一遇的奇才。"这是蔡康永作为搭档对小S最大的肯定，而这种肯定也是对小S主持节目时展现出的口才的肯定。

　　如果有人问主持界的黄金搭档是谁，很多人肯定会毫不犹豫地回答：小S和蔡康永。《康熙来了》之所以能持续12年受到好评，就是因为有小S和蔡康永的支撑。所以说，小S和蔡康永才是《康熙来了》的灵魂人物，没有这两个"台柱子"，《康熙来了》不可能反响如此热烈。最主要的原因是，他们能够在任何一个大牌明星面前默契合作、谈笑风生，用你来我往、承上启下的搭话方式，带动现场节奏，使每一期节目都能跌宕起伏，充满话题和欢乐。每一期的《康熙来了》，不仅是一场视觉盛宴，也是一场听觉盛宴。这就像集体演奏一样，吹拉弹唱，起承转合，少了一样都不成曲，多了一样都不成调。而小S就是集体演奏中，能带动整个节奏，引导主题曲调的核心。由此可见，语言艺术是另类的歌声，它不仅可以动听悦耳，还能传道解惑，使人久久沉浸其中。

　　蔡康永称小S是百年一遇的奇才，是夸赞自己的搭档是真正的语言奇才。美好、愉快的交流，使蔡康永深切体会到小S语言的魅力，这种语言的魅力让人着迷和留恋。很多人说小S是盛开在主持界的一朵奇葩，这是因为这朵奇葩足够惊艳、耀眼，才能得到如此多的人

Part 12
黄金搭档：让所有拍档焕发光彩的百搭台柱

关注。备受人们追捧的是小S的主持风格，这种风格更多的是语言风格。从这一方面来看，有趣的说话方式、令人震惊的语言内容，吸引人的话题等都是语言艺术的一部分。没有这些部分，语言就谈不上有魅力，更谈不上深刻、有趣、让人感觉惊艳了。

蔡康永是小S的搭档，是台湾主持界的名人，同时，他也是一名作家，因此，他对语言的拿捏、掌握可谓驾轻就熟。而蔡康永在新书《艺术里的金钱游戏》的发布会上，也大谈对自己搭档小S的热爱。

有记者问："传闻你和小S开始合作时，由于你是加州大学高才生，而小S的说话风格尺度很大，人们认为很低俗，于是，你们两个人没办法磨合？"

蔡康永却说："这是无稽之谈。我和小S很像，都不是很乖的人，都喜欢恶作剧。学历与主持无关，与语言也无关。因为很多硕士博士并不擅长说话，与他们沟通很难。这就像好莱坞有很多明星没读过书却能拍出经典的电影一样，主持行业的价值是语言的艺术，而不是学历的高低。小S是百年一遇的奇才，也许，她不是演艺圈内最可爱的女生，但在与她熟悉的过程中，她总能一次次地带给我语言上的惊喜，这一点难能可贵。"

《康熙来了》成就了小S，让她成为娱乐圈的一线主持人；蔡康永成就了小S，蔡康永的暖场、接话，使小S在节目中如鱼得水，游刃有余；卓越的口才成就了小S，大胆的言论、有趣的话题、精妙的场控让小S在竞争激烈的娱乐圈中打出了自己的一片天地。小S说："我不是那种极美、艳丽的狐狸精长相，女生不会妒忌我，而且我说话的方式和她们比较像姐妹，大家觉得很亲近，没有距离感，真诚与信任让我获得今天的一切。"

小S说话很直，这不是说她说话不经思考，而是性格使然。大大咧咧的性格，使小S面对任何人都能直言不讳，无论是娱乐圈一线的大牌明星，还是文学界的犀利泰斗，她都敢大胆调侃、畅所欲言。

说话直没有关系，有时候即使说出的话很直，别人听了也不会反感，而会因为你的幽默喜欢上你的直率。这就是小S语言的艺术。作为搭档，小S在蔡康永面前总是有什么说什么，从不隐藏自己的情绪和性情。小S每说出一句犀利大胆的言辞，总能得到蔡康永完美的承接；相反，当蔡康永温文尔雅的话语调不起观众和嘉宾情绪时，小S总能语出惊人，找到有趣的话题使整个节目氛围快速活跃起来。作为语言的搭档，一承一接，一附一和，一捧一逗才是合作的原则。

小S的成功很大程度上是因为她能在《康熙来了》中与蔡康永在语言上进行配合，而这种语言的默契并非本来就有，它需要建立在相互熟悉、相互了解的基础上，还需要具备卓越的语言功底。这种语言配合的艺术，是职场人士所需要的，因此，也是值得他们学习的。而要达到这种语言的默契，需要从两个方面着手。

（1）充分了解你的语言搭档

与他人配合说话，需要先了解对方的语言习惯、行为习惯等。这就和演员演戏一样，互为搭档的两个演员需要在语言上相互配合，而如何配合就需要互相商量好，商量的过程就是了解的过程。把对方的语言、动作卡在某个时间点再说，或者酝酿好某种情绪再说，这些都需要通过事先商量、相互了解。

（2）实践练习

通过实践对话练习，才能把握语言的节奏，使语言承接更加完美。很多主持人在节目开始前都需要相互配合，进行实践彩排。彩排节目就是一种练习，男女主持人通过不断的彩排，相互配合话语，才能把语言说流畅。

生活中，相互配合说话的场景有很多，这种配合说话的语言艺术亦是一种良好的口才，值得我们去学习和领悟。

2. 舞台永远不是一个人的独角戏

舞台离不开人，也离不开语言。交流是相互的，是双方和多方的，因此，语言的舞台，不是一个人的独角戏。

小S在与嘉宾交流时，永远不会唱独角戏，而是试图尽量多地让所有人参与到话题中，照顾到每一个嘉宾的感受。通过语言，使所有人都能参与到交流之中，这其实也是一门语言上的艺术。

如果有人问《康熙来了》一共有几个主持人，很多人会毫不犹豫地回答："两个——小S和蔡康永。"其实，除了小S和蔡康永外，还有一个人一直默默地在嘉宾旁边时刻等待着召唤，这个人就是协助主持人陈汉典。

也许在《康熙来了》中，陈汉典的说话机会有限，但小S总能巧妙地引导话题，让陈汉典拥有说话和表现的机会，让身边这个助理主持人也能在观众面前大放光彩。这实则是小S的说话技巧之一。

说话的艺术不在于一个人在话场中滔滔不绝地唱独角戏，而应照顾到场中的所有人，让他们也有发表意见的机会。拥有这种能让所有人都参与到聊天过程中的说话技巧，才可以称得上真正的语言艺术家。而如何让所有人都参与到集体交流过程中，聊天时需要注意运用哪些语言技巧呢？

首先，在交流中，要多说表扬和鼓励别人的话。很多人都有这样一种交流习惯，即更乐意聆听别人对自己的表扬和夸赞。所有的表扬和夸赞都是用语言表达出来的认同，有人认同，当然是一件令人心情愉悦的事情。如果话场主导者能多说一些赞扬对方的话，那么对方就会对话场主导者充满好感，从而更愿意开口交流。这种说话技巧，其实是一个打开深入交流的开关，通过赞美的语言让别人开口说话，就会引发更多的话题，交流的内容也会丰富、有趣很多。如此一来，交流的气氛就会更加和谐，充满善意。

另外，鼓励别人也能起到让更多人参与到聊天之中的作用。多说些鼓励对方的话，对方就很可能因为你的话而变得自信，从而鼓足勇气参与到对话交流之中。很多时候，一句鼓励的话，就可能改变对方的精神状态。你的鼓励会让别人感到你在关心他，这样你就会更容易得到别人的信任。即使对方是第一次与你见面的陌生人，他也会因为你的鼓励，变得想与你亲近，进而通过语言交流，与你成为朋友。

其次，要学会倾听。会说话的人不一定是说话最多的人，说话要说在点子上，不能信口开河，如果没有主题，没有中心地乱说，那就显得啰唆。聊天时适当控制自己的话，抓住话题，抓住别人感兴趣的点，必要的时候，要学会适可而止，留给别人说话的机会。语言艺术家总能在交流中保持倾听，倾听能让你从别人的言语中了解更多的信息，从而增进你对他人的了解，当需要你说话时，你说出的话就会更能促进彼此的教育。

再次，在与人交流前，应该在观念上保持中立和客观。多方交流，更需要做到这一点，否则，就很容易说出有失偏颇的话。如果在一知半解的情况下强行加入别人的对话，就会因为不了解具体情况而引发不愉快。说话之前，需要了解别人交流的具体内容以及各方所持的观点，这样才能避免尴尬。要想维持多方交谈，首先要在深入交流前表明一种客观、公正的态度，在此基础上，再发表个人见解。

最后，在说话时不要用"命令"的口吻与别人交谈，而应多以"建议"的口吻说明情况。与人交谈，切忌以"命令"的口吻说话，

Part 12
黄金搭档：让所有拍档焕发光彩的百搭台柱

如果你在说话时姿态过高，经常以"命令"的口吻说话，别人就不会乐意与你交谈。因为一方面，别人会觉得你很骄傲，总是以自我为中心，总是自以为是；另一方面，以"命令"的口吻说话，会显得不尊重别人。

舞台永远不是一个人的独角戏。交流的意义在于，尽可能多地让场中的人参与到交谈中来，各抒己见。而如何让更多的人参与交流，就需要学习以上几种说话的技巧。每个人说话的方式都不可能完美无缺，关键在于学习和借鉴经验。优秀的演说家总能从别人的交谈过程中学到知识，吸取经验，他们善于总结和引发话题，更善于通过语言调节话场气氛，让更多的人参与进来。

3. 口才演讲，一定要具备"绿叶精神"

在我国传统文化中，相声是一种特殊的口才表演。一般来说，在对口相声中都会有两个演员进行对话，一个是逗哏，一个是捧哏。无疑，逗哏是永远的主角，因为逗哏的台词总是充满笑料，惹人发笑是其主要任务。相应地，捧哏就成了配角，主要为逗哏做对话铺垫，起到衬托逗哏的作用。但是一段笑点不断、令人拍案叫绝的对口相声，不仅需要一个好的逗哏，同时也需要一个好的捧哏。如果说逗哏是一朵鲜花，那么捧哏就是一片绿叶，鲜花与绿叶相配，才能成为一道亮丽的风景。

在《康熙来了》中，真正的主角是前来做客的嘉宾和蔡康永，而主持节目的小S总是甘当绿叶，为嘉宾们和蔡康永制造话题，让他们讲述自己的故事。在与嘉宾聊天的过程中，身为主持的小S总能找到切入点，向明星嘉宾们提出有趣的问题，让他们说出自己的隐秘之事，来满足观众的好奇心。即使在这个过程中必须提到自己，小S也总能适可而止，配合搭档蔡康永，让他与嘉宾进行更加流畅而深入的对话。这其实就是一种甘当绿叶的精神，会说话的人，在说话时永远会尽量配合别人，而不是没有礼貌地打断别人。

有网友说："小S就像水，既能包容万物，又能成就万物。"继《康熙来了》之后，小S重新主持了一档名为《姐姐好饿》的综艺节目。其中一期节目，邀请了两位嘉宾，一个是平民男神大鹏，一个是与小S合作多年的陈汉典。节目中，小S放下身段，甘当绿叶，极力配

Part 12
黄金搭档：让所有拍档焕发光彩的百搭台柱

合大鹏，让人们看到一个拥有绿叶精神、极力烘托做客嘉宾的美女主持人形象。很多网友看过这期节目，都忍不住为小S点赞。小S利用"先抑后扬"的说话套路，表现出嫌弃大鹏的姿态，这让大鹏拥有了极力表现的机会。在之后的节目中，大鹏不仅为小S亲手制作了"羊奶鲜果煎饼"，还为小S准备了家乡的葡萄酒，展示了平民男神贴心照顾女生的一面，让观众对大鹏的印象更加深刻。

当另一位嘉宾陈汉典入场后，小S面对故人，故意表现出一脸的嫌弃。这个时候，陈汉典正好有机会展示自己惟妙惟肖的模仿才艺，他极力在舞台上模仿中国运动员傅园慧在奥运会上接受采访时的夸张表情，顿时迎来了观众的掌声。最后，小S也被逗得笑出了声。其实陈汉典在《康熙来了》做协助主持人时，小S也会在节目中故意调侃陈汉典，让角落里的陈汉典走到观众的面前，表演自己的才艺，得到广大观众的注意。

小S这种通过语言烘托别人的做法是一种高超的语言技巧，人们在日常的交谈中，如果能掌握并应用这种技巧，就可以烘托和突出一个人，让他有表现的机会。通过语言帮别人获得成功不仅是语言艺术的价值所在，更显示了说话者高贵的品格。那么，语言艺术家是通过怎样的语言技巧来烘托和突出别人的呢？

（1）欲扬先抑

真正的语言艺术家在夸别人时，很少会直接通过优美的语言去夸赞，他们往往会欲扬先抑。例如，一间高级服装专卖店里，一个销售员向一位前来购买衣服的女士这样介绍道："小姐，这件服装是时下最流行的一款服装，不过您可能不会买……"购物女士听完这句话显然有些生气，正欲说话，售货员又指着另一款服装继续介绍道："不过，这款更有品位的才适合您的身份。"听完这句话，购物女士便笑了起来，很快就买了售货员介绍的那款服装。这其实就是一种欲扬先抑的说话技巧，通过先后的反差，让别人更深切地通过语言感受你的善意，这种说话技巧往往更能获得别人的好感，也更容易办成事情。

（2）巧妙提问

通过提问别人，让别人说出自己的事情和见解，这也是一种突出他人的语言技巧。巧妙的提问，往往是制造话题的开关。问题提得好，被提问者会因此思绪泉涌，从而打开话匣子，而听众也可一饱耳福，借此窥探他人的隐私或是了解自己所关注的信息。

（3）为他人设置悬念

设置悬念可以提高语言的吸引力，而通过为他人的事设置悬念，可以把人们的注意力转移到某个人身上，从而让这个人有表现自己的机会。例如，在一次交流中，你说："他那时的表现，真是令人胆战心惊……"这时，所有人的注意力就会转移到你说的那个人身上。这种语言技巧，可以打开人们的话匣子，让整个交流以别人为中心，能起到烘托别人的作用。

很多时候，甘当绿叶，通过巧妙的语言成就别人也不失为美事一桩。

4. 好口才，会让"他/她"也变得健谈

生活中多方交流的情况时常发生，当两个熟悉的人与陌生人交谈时，需要暂时形成语言搭档的关系，相互配合着与陌生人沟通。多人交流的场合，会更考验一个人的说话能力，使身边的人和刚刚熟悉的人都能愉快地交流，这需要具有高超的语言表达能力。

《康熙来了》历经12年，请过众多的一线明星担当节目嘉宾，这其中也不乏小S和蔡康永并不熟悉的明星。面对陌生的嘉宾，小S与蔡康永就要更加谨慎地配合说话。配合别人说话不是随声附和，不是牵强附会，也不是笑脸奉承，而是在默契配合下，让气氛更活跃，使说话内容更有内涵，让交流更顺畅。

优秀的口才，既可以让演说家本身变得活泼开朗，也能让对话者变得随性、放松，说话时也显得健谈。小S的好姐妹范晓萱曾说："我所熟识的熙娣，私底下是个没自信，很容易紧张，心思细腻，敏感又脆弱，总想把所有事情都做好的善良女孩。"由此可见，没有人天生是语言家、演说家。小S之所以拥有这样出色的口才，是因为多年来她与蔡康永搭档，在主持《康熙来了》的过程中不断磨炼。

在一期《康熙来了》中，做客嘉宾是内地著名节目主持人鲁豫，节目开始时，蔡康永问小S说："如果说台湾最红的女主持人是小S，那么，内地最红的是？"小S一本正经道："当然还是我啊！"蔡康永忍不住笑了起来。小S无奈地说："唉，你都不知道，我在内地超红的！现在多少年轻人在模仿我说话啊！"蔡康永说："你这么说，

小S徐熙娣的 说话之道

不知道今天的来宾会不会不开心呢？欢迎陈鲁豫小姐！"鲁豫进场之后，小S故意装作没有看见她："请问……人呢？"蔡康永指着鲁豫说："在这里啊。"小S看着鲁豫，故作惊讶地说："啊！不好意思，我还以为是制作单位准备的大号火柴呢。"鲁豫早有耳闻小S的犀利、幽默，这次相见更是让她深有体会，顿时忍不住笑了起来。

作为娱乐节目主持人，这种说话方式能起到很好的娱乐效果。在跟嘉宾的互动中，小S越来越大胆，说话的尺度也不断加大，性格也越来越开朗，每一个到《康熙来了》做客的嘉宾都被小S不按常理出牌、搞怪、幽默的话语逗得十分开心。

而小S在与蔡康永搭档的过程中，更是找到了说话的诀窍，学会了如何与不同性格的嘉宾同台交流、如何及时配合蔡康永将话题引入更加让人感兴趣的方向，如何制造有趣的桥段，让观众和嘉宾都心情愉快。这些说话的技巧包括以下几点。

（1）神态自若地说话

无论是与嘉宾交流，还是与蔡康永配合说话，小S总能表现得神态自若，即使故意表现出夸张的表情，也是由心而发，自然、不做作。神情自若、气定神闲地说话，就会让人感到说话者不紧张、很有气场。说话时，语调和语速要富有变化，说出的话要抑扬顿挫、富有节奏，这样的话才更有趣，更能受到别人的重视，进而让别人仔细聆听。另外，说话时，语速要适中，不能太慢或太快，太慢的话，别人就会感到不耐烦，不愿浪费时间与你交流；太快的话，别人很可能听不清你在说什么，不理解你的意思，这样就更不可能深入交流。

（2）说能让人听懂的话

鲁豫很瘦，所以小S把她比作火柴，而这种话并不是小S第一个说出来的，而是出自鲁豫的粉丝、网友之口。所以，小S这样说，鲁豫不生气，也能听得懂小S的意思，即小S嫌她太瘦，希望她多吃点，让她注意身体健康。无论怎样说话,说能让人听懂的话才是最重要的。别人如果听不懂你所说的话,就谈不上交流,更谈不上愉快地聊天。

(3)说充满正能量的话

多说充满正能量的事情,可以使自己更加活泼开朗,让人觉得你很自信、阳光。同时,自信、阳光的人也能把自己的积极心态传递给他人,为大家营造一个温馨、和谐的气氛。

(4)不要过分客气

很多人见到陌生人就会过分客气,说话时总是会加上很多敬辞、敬语。如果是与长辈交流,这样的说话方式无可厚非,但如果面对和自己同龄、同辈的人也这样说,就会显得很不自然、很尴尬,让人产生距离感。自然而然的交流比说过分客气的话更容易让人接受,人们更喜欢自然的说话方式,而不是故作姿态的不自然交流。

(5)多用赞同的虚词或肢体语言

在说话时通过虚词和肢体语言给予别人肯定,别人就会感受到你在很认真地听他说话,因此,他对你的好感度也会增加,从而更愿意把自己内心的想法分享出来。

生活中,多与熟悉的人沟通交流,通过语言表达释放压力,能使我们变得更加活泼开朗。如果口才极佳,既可以展示自己的风采,又能帮助别人舒缓心情。好的口才是控制情绪的良药,心平气和与人聊天,会让我们的生活质量大大提高,让我们的幸福度不断提升。

5. 做最称职的语言搭档

每一个人都希望自己才是生活的焦点，但是，在聊天过程中，特别是集体聊天，总是会有一个"主持人"，而这个"主持人"通常才是谈话场中的主角。一个人不可能在每一次聊天中都担当主角，但是我们却可以在交流中尽量低调说话，为他人制造主角光环。这样一来，无论是担当话场主角，还是作为话场主角制造者，你始终能与主角保持关系。这就是一个优秀语言艺术家应该具备的素质。

小S是称职的语言搭档，无论是与蔡康永配合说话，还是与明星嘉宾配合说话，她都能做到尽量为他人制造主角光环，成为突出他人的"绿叶"。

一次，台湾著名歌手齐豫身穿一套民族服饰来《康熙来了》做客，蔡康永看到齐豫的打扮就问："你身上这是一个真的披肩，还是说是桌布？"齐豫装作很镇定的样子说："它是个真的披肩。"小S连忙配合蔡康永的问题，继续问道："所以你的裙子也是真的裙子，不是窗帘？"这时，所有镜头都给了齐豫，人们看到齐豫故意表现出一副气疯了的样子。顿时，在场的人们都爆笑起来。

通过这种搭档对话，小S既配合了蔡康永的话，又突出了齐豫服饰的特点，让齐豫成为了全场关注的焦点。从这段对话中，我们可以看出，小S的话与蔡康永和齐豫的话前后呼应，显示出一种语言的对称美。

配合别人说话比自己滔滔不绝地说话更需要技巧，具体可以参考以下几点。

（1）委婉地配合

配合别人说话，需要说话更加委婉。如果语言本身不委婉，也要有所承接，使配合的语言更加缓和。比如你的搭档说："我今天真是倒霉透了。"你可以这样委婉配合："生活总有很多不如意。"以这样的语言来承接，既能安慰对方，又能显示出你说话的水平。

（2）说话要前后呼应

有些人在与人配合说话时，语言会显得很散，没有中心，这是因为没有紧跟搭档的话题，将语言前后呼应。前后不呼应，会导致语言很突兀、很散，给人以牵强附会的感觉。这样一来，就谈不上能突出他人说话的内容。语言的配合，需要有衔接，有铺垫，不能围绕多个话题穿插进行，导致听者思维混乱。

（3）尽量多说对称的话

"一唱一和"是语言配合的最高境界，而"一唱一和"需要语言对称。对称的语言听起来更加和谐、有趣，能够激起人们对聊天内容的兴趣。语言对称，配合才可天衣无缝。

（4）说话要有转折

说话直来直去，就会显得语言苍白无力，配合别人也会让人感到很生硬、不默契。因此，语言需要有适当的转折与合理的铺垫，或者说既要有承上，又要有启下。平白直叙的语言无法打动人心，也不可能起到烘托别人的作用。我们在听别人演讲时，会遇到这样的情景：演说家先是不断地赞美某种事物，之后突然说出"但是"两个字，于是，台下的听众立刻提起精神，注意力更加集中地听演说家接下来要说什么。这其实就是转折的作用，它能使语言富有起伏、变化，更加有灵性。

（5）配合说话要言之有理

配合别人说话，一定要言之有理，不能不加思考地随便回答。说话内容有条有理，说话才能有逻辑，两个人的思想才能结合在一起，才能表达出同一种意思。否则，一对搭档自说自话，无逻辑、无条理地混合表达自己的观点，人们显然会听不懂，而让人听不懂的话就毫无意义可言。

（6）配合说话要言之以情

说话富有感情，才能打动人心。就像营销一样，如果一味地强调"卖"，说出的话就会大打折扣。而从"帮忙"的角度去营销，就能使顾客打消很多顾虑，听起来也舒服很多。

（7）配合说话要言之有味

一个卖彩票的小老板这样宣传他的彩票，他说："我卖的不是彩票，而是希望和惊喜。"这其实就是一种有味道的宣传。我们有时会以"意味深长""回味无穷"来形容一个人说的话，这也是言之有味的表现。

社会中有竞争与垄断，同样也有合作与共赢。而配合别人说话，也是一种合作。在公共场合，特别是在舞台上，能够巧妙地配合别人说话，可以娱乐大众，创造价值，展现才华。